JN187037

犀の角のようにただ独り歩め

――「スッタニパータ」

日本の反知性主義

晶文社

デザイン　ＡＳＹＬ（佐藤直樹＋菊地昌隆）

まえがき

みなさん、こんにちは。内田樹です。

本書、『日本の反知性主義』は昨年の『街場の憂国会議』に続いて、私がその見識を高く評価する書き手の方々に寄稿を依頼して編んだアンソロジーです。本書の企図が何であるかは昨夏に発送した寄稿依頼の書面に明らかにされております。それを再掲して、本書編纂の意図を示しておきたいと思います。まずそれをお読みください。

私たちは先に晶文社から『街場の憂国会議』を刊行しました。これは特定秘密保護法の国会審議においてあらわになった立憲政治、民主制の危機について、できるだけ多様な視点からその文脈と意味を考察しようとした試みでした。不肖内田がその編著者を拝命いたしましたが、多くのすぐれた書き手の方に集まって頂き、発行部数も予想以上の数字に達しました（ほんとうはこういう「危機に警鐘を」的な書物が売れるというのは、市民にとっては少しもうれしいことではないのですが……）。

しかし、さまざまな市民レベルからの抵抗や批判の甲斐もなく、安倍政権による民主制空洞化の動きはその後も着実に進行しており、集団的自衛権の行使容認、学校教育法の改定など、次々と「成果」を挙げています。

しかし、あきらかに国民主権を蝕み、平和国家を危機に導くはずのこれらの政策に国民の40％以上が今でも「支持」を与えています。長期的に見れば自己利益を損なうことが確実な政策を国民がどうして支持することができるのか、正直に言って私にはその理由がよく理解できません。

これは先の戦争のとき、知性的にも倫理的にも信頼しがたい戦争指導部に人々が国の運命を託したのと同じく、国民の知性が（とりわけ歴史的なものの見方が）総体として不調になっているからでしょうか。それとも、私たちには理解しがたい、私たちがまだ見たことのない種類の構造的な変化が起りつつあることの徴候なのでしょうか。私たちにはこの問題を精査する責任があると思います。そして、この作業を、かつての京都学派に倣って、共同研究というかたちで進めることができれば、読者のみならず、私たち自身にとっても裨益（ひえき）するところが大きいのではないかと思いました。

今回の主題は「日本の反知性主義」です。リチャード・ホーフスタッターの『アメリカの反知性主義』は植民地時代から説き起こして、アメリカ人の国民感情の底に絶えず伏流する、アメリカ人であることのアイデンティティとしての反知性主義を摘抉した名著でした。現代日本の反知性主義はそれとはかなり異質なもののような気がしますが、それでも為政者からメディアまで、ビジネスから大学まで、社会の根幹部分に反知性主義・反教養主義が深く食い入っていることは間違いありません。それはどのような歴史的要因によってもたらされたものなのか？ 人々が知性の活動を停止させることによって得られる疾病利得があるとすればそれは何なのか？ これについてのラディカルな分析には残念ながらまだほとんど手が着けられておりません。

今回も複数の書き手にそれぞれのお立場からの知見を伺いたいと思います。「日本の反知性主義」というトピックにどこかでかかわるものであれば、どのような書き方をされても結構です。どうぞ微志ご諒察の上、ご協力賜りますよう拝してお願い申し上げます。

依頼書は以上です。私が寄稿をお願いしたのは11名でしたが、うち9名がご寄稿下さいました（残念ながらご事情により寄稿して頂けなかったお二人も刊行の趣旨にはご賛同して下さいました）。寄稿者の職業は、ビジネスマン、哲学者、政治学者、コラムニスト、作家、ドキュメンタリー映画作家、生命科学者、精神科医、武道家と職種職能はさまざまです。どなたも政治について語ることや政治活動に従事することを主務としている方ではありませんし、特定の政治的党派や政治的立場をあきらかにしている方でもありません。それでも、全員がそれぞれの現場に毒性のつよい「反知性主義・反教養主義」がしみ込んできていることに警戒心を感じている点で変わりはないと思います。

この共同研究は、別に統一的な「解」をとりまとめることをめざすものではありません。ひとつの論件をできるだけ多面的に、多層的に、多声的に論じてみたいというのが編者の願いです。寄稿者のおひとり鷲田清一先生が引いてくれたエリオットの言葉にあるように、このアンソロジーのうちに「（相違が）多ければ多いほど（……）はじめて単に一種の闘争、嫉視、恐怖のみが他のすべてを支配するという危険から脱却することが可能となる」という「摩擦」の原理に私も賛同の一票を投じたいと思うからです。

寄稿して下さったすべての書き手の方々と編集の労をとって下さった晶文社の安藤聡さんに編者として心からの謝意と敬意を表したいと思います。ありがとうございました。

「そういえば、ずいぶん危機感をもって、『あんな本』を出したことがあったね」という思い出話をみんなで笑いながら話せる日が来ることを切望しております。

２０１５年２月

内田樹

日本の反知性主義　目次

反知性主義者たちの肖像

内田樹

どんな兵器よりも破壊的なもの　赤坂真理

戦後70年の自虐と自慢　平川克美

いま日本で進行している階級的分断について　小田嶋隆

身体を通した直感知を　名越康文×内田樹

反知性主義者たちの肖像

内田樹

内田樹（うちだ・たつる）
1950年、東京都生まれ。東京大学文学部仏文科卒業。東京都立大学大学院博士課程中退。武道家。神戸女学院大学文学部名誉教授。専門はフランス現代思想、映画論、武道論。多田塾甲南合気会師範。著書に『ためらいの倫理学』（角川文庫）、『「おじさん」的思考』『街場の憂国論』（ともに晶文社）、『先生はえらい』（ちくまプリマー新書）、『修業論』（光文社新書）、『内田樹による内田樹』（140B）、『街場の戦争論』（ミシマ社）など多数。『私家版・ユダヤ文化論』（文春新書）で第6回小林秀雄賞、『日本辺境論』（新潮新書）で新書大賞2010受賞。第3回伊丹十三賞受賞。

「知性的」と「反知性的」を分かつもの

「日本の反知性主義」というタイトルはリチャード・ホーフスタッターの名著『アメリカの反知性主義』から借りた。この書物の中で、ホーフスタッターは、アメリカ社会は建国のときから現在に至るまで、知性に対する憎悪という、語られることの少ない情念を伏流させてきており、それは間歇的に噴出してそのたびに社会に深い対立と暴力を生み出してきたという大胆な知見を語った。急いで付言しなければならないが、ホーフスタッターはこれを単純な「知識人対大衆」の二元論として語ったわけではない。経験が教えてくれるのは、知識人自身がしばしば最悪の反知性主義者としてふるまうという事実である。ホーフスタッターはこう書いている。

> 反知性主義は、思想に対して無条件の敵意をいだく人びとによって創作されたものではない。まったく逆である。教育ある者にとって、もっとも有効な敵は中途半端な教育を受けた者であるのと同様に、指折りの反知性主義者は通常、思想に深くかかわっている人びとであり、それもしばしば、陳腐な思想や認知されない思想にとり憑かれている。反知性主義に陥る危険のない知識人はほとんどいない。一方、ひたむきな知的情熱に欠ける反知識人もほとんどいない。

（リチャード・ホーフスタッター、『アメリカの反知性主義』田村哲夫訳、みすず書房、２００３年、19頁、強調は内田）

この指摘は私たちが日本における反知性主義について考察する場合でも、つねに念頭に置いておかなければならないものである。反知性主義を駆動しているのは、単なる怠惰や無知ではなく、ほとんどの場合「ひたむきな知的情熱」だからである。

この言葉はロラン・バルトが「無知」について述べた卓見を思い出させる。バルトによれば、無知とは知識の欠如ではなく、知識に飽和されているせいで未知のものを受け容れることができなくなった状態を言う。実感として、よくわかる。「自分はそれについてはよく知らない」と涼しく認める人は「自説に固執する」ということがない。他人の言うことをとりあえず黙って聴く。聴いて「得心がいったか」「腑に落ちたか」「気持ちが片づいたか」どうかを自分の内側をみつめて判断する。そのような身体反応を以てさしあたり理非の判断に代えることができる人を私は「知性的な人」だとみなすことにしている。その人においては知性が活発に機能しているように私には思われる。そのような人たちは単に新たな知識や情報を加算しているのではなく、自分の知的な枠組みそのものをそのつど作り替えているからである。知性とはそういう知の自己刷新のことを言うのだろうと私は思っている。個人的な定義だが、しばらくこの仮説に基づいて話を進めたい。

「反知性主義」という言葉からはその逆のものを想像すればよい。反知性主義者たちはしばしば恐ろしいほどに物知りである。一つのトピックについて、手持ちの合切袋から、自説を基礎づけるデータやエビデンスや統計数値をいくらでも取り出すことができる。けれども、それをいくら聴かされても、私たちの気持ちはあまり晴れることがないし、解放感を覚えることもない。というのは、この人はあらゆることについて正解をすでに知っているからである。正解をすでに知っている以上、彼らはことの理非の判断を私に委ねる気がない。「あなたが同意しようとしまいと、私の語ることの真理性はいささかも揺るがない」というのが反知性主義者の基本的なマナーである。「あなたの同意が得られないようであれば、もう一度勉強して出直してきます」というようなことは残念ながら反知性主義者は決して言ってくれない。彼らは「理非の判断はすでに済んでいる。あなたに代わって私がもう判断を済ませた。だから、あなたが何を考えようと、それによって私の主張することの真理性には何の影響も及ぼさない」と私たちに告げる。そして、そのような言葉は確実に「呪い」として機能し始める。というのは、そういうことを耳元でうるさく言われているうちに、こちらの生きる力がしだいに衰弱してくるからである。「あなたが何を考えようと、何をどう判断しようと、それは理非の判定に関与しない」ということは、「あなたには生きている理由がない」と言われているに等しいからである。

私は私をそのような気分にさせる人間のことを「反知性的」と見なすことにしている。その人自身は自分のことを「知性的」であると思っているかも知れない。たぶん、思っているだろう。知識も豊かだし、自信たっぷりに語るし、反論されても少しも動じない。でも、やはり私は彼を「知性的」とは呼ばない。それは彼が知性を属人的な資質や能力だと思っているからである。だが、私はそれとは違う考え方をする。

知性というのは個人においてではなく、集団として発動するものだと私は思っている。知性は「集合的叡智」として働くのでなければ何の意味もない。単独で存立し得るようなものを私は知性と呼ばない。

知性とは集団的な現象である

わかりにくい話になるので、すこしていねいに説明したい。

私は、知性というのは個人に属するものというより、集団的な現象だと考えている。人間は集団として情報を採り入れ、その重要度を衡量し、その意味するところについて仮説を立て、それにどう対処すべきかについての合意形成を行う。その力動的プロセス全体を活気づけ、駆動させる力の全体を「知性」と呼びたいと私は思うのである。

ある人の話を聴いているうちに、ずっと忘れていた昔のできごとをふと思い出したり、しばらく音信のなかった人に手紙を書きたくなったり、凝った料理が作りたくなったり、家の掃除がしたくなったり、たまっていたアイロンかけをしたくなったりしたら、それは知性が活性化したことの具体的な徴候である。私はそう考えている。「それまで思いつかなかったことがしたくなる」というかたちでの影響を周囲にいる他者たちに及ぼす力のことを、知性と呼びたいと私は思う。

　知性は個人の属性ではなく、集団的にしか発動しない。だから、ある個人が知性的であるかどうかは、その人の個人が私的に所有する知識量や知能指数や演算能力によっては考量できない。そうではなくて、その人がいることによって、その人の発言やふるまいによって、彼の属する集団全体の知的パフォーマンスが、彼がいない場合よりも高まった場合に、事後的にその人は「知性的」な人物だったと判定される。

　個人的な知的能力はずいぶん高いようだが、その人がいるせいで周囲から笑いが消え、疑心暗鬼を生じ、勤労意欲が低下し、誰も創意工夫の提案をしなくなるというようなことは現実にはしばしば起こる。きわめて頻繁に起こっている。その人が活発にご本人の「知力」を発動しているせいで、彼の所属する集団全体の知的パフォーマンスが下がってしまうという場合、私はそういう人を「反知性的」とみなすことにしている。これまでのところ、この基準を適用して人物鑑定を過ったことはない。

理想主義が最悪の反知性主義を生むとき

ホーフスタッターは反知性主義者の相貌を次のように描き出している。反知性主義の「スポークスマンは、概して無学でもなければ無教養でもない。むしろ知識人のはしくれ、自称知識人、仲間から除名された知識人、認められない知識人などである。読み書きのできる彼らは、ろくに読み書きのできない人々を指導し、自分たちが注目する世界の問題について、真剣かつ高邁な目的意識をもっている」（同書、19頁）。

彼らは世界のなりたちを理解したいという強い知的情熱に駆られており、しばしば特定の分野について驚くほど専門的な知識や情報を有している。また、世界をよりよきものにしようという理想主義においてもしばしば人に後れをとることはない（と口では言う）。

けれども、そのような知的情熱や理想主義がしばしば最悪の反知性主義者を生み出すことになるのである。具体的な例を挙げた方がわかりやすいだろう。反ユダヤ主義者がそうだ。

私はある時期、ヨーロッパにおけるユダヤ教思想と反ユダヤ主義について研究していたことがある。そして、この分野について日本にも膨大な量の「研究」書が存在することに驚嘆した。

日本にはユダヤ人はほとんどいない。日本には二つしかシナゴーグ（ユダヤ教会堂）がないが、東京広尾にあるシナゴーグに通っていた在日ユダヤ人は１９８０年代末で１０００

人。神戸のシナゴーグに通うユダヤ人はもっと少なかった。日本はユダヤ人とほとんど無関係な国だということである。にもかかわらず、「ユダヤがわかると世界がわかる」とか「ユダヤ人の世界征服の陰謀」といったタイプの反ユダヤ主義的な書物は飽きることなく出版され続けている。それらの本を開くと、国際政治も国際経済もメディアもすべてはユダヤ人の国際ネットワークによって操られているという、同工異曲の主張が延々と記されている。よくこんなことまで調べたものだ……と驚嘆するほどトリビアルな情報が紹介されている。そのような文章を書いている人たちは、ユダヤ人の世界支配の抑圧的な機構からわれわれを解放しさえすれば、自由で豊かな世界を奪還できるとおそらく信じているのであろう。これらの書物の書き手は間違いなく知的情熱に駆られており、おそらくは善意の人である。けれども、そこには何か知性のはたらきをはげしく阻害するものが含まれている。私はそれを「反知性」として咎めるのである。

知性と反知性を隔てるものは対面的状況でなら身体反応を通じて感知可能であると私は先に書いた。二人で顔を向き合わせている状況だったら、「私」の知性が活性化したかどうかを自己点検すれば、それだけで自分の前にいる人が知性的な人かどうかは判定できる。個人的なレベルでの、かつ短期の出会いについては、それで対応できる。けれども、個人が自分の身体をモニターして前にいる人物が知性的であるかないかを判断するにはおのずと限りがある。会ったこともないし、見たこともないし、声を聴いたこともない人々（外国の人たちや、死者たちはたいていそうだ）の思考や行動が知性的であるかどうかをみきわめるためには、もう少し射程の広い「物差し」が要る。知性と反知性を識別するためには、どのような基準を適用すればよいのか。

陰謀史観はなぜ繰り返し現れるか

反ユダヤ主義に見られる「陰謀史観」は、反知性主義の典型的なかたちである。私はそれを「反知性」と判定する。なぜそう判定できるのかを説明するために、まずこのような思考の枠組みが出現してくる歴史的経緯を見ておきたい。

世の中にはさまざまな理解しがたい事象が存在する。例えば、グローバル経済では関与する変数が多くなり過ぎて、もはやどのような専門家もこれを単純な方程式に還元することができなくなってしまっている。どこか遠い国で起きた通貨の暴落や株価の乱高下や、あるいは天災やパンデミックのせいで、一国の経済活動が致命的な打撃を受けるリスクがある。一国単位でどれほど適切な経済政策を採択していても、その打撃を逃れることはできない。私たちが知っている限りでも、ドルショック、オイルショック、リーマンショックといった「ショック」によってわが国の経済は繰り返し激震に襲われて、長期にわたる低迷を余儀なくされた。「ショック」という言葉が示すように、それはいつ来て、どれほどの被害を、どの領域にもたらすか予測できないかたちで到来した。私たちがそれらの経験から学んだのは、経済についての専門知は、「想定内の出来事」だけしか起きないときにはそれなりに有用だが、「想定外の出来事」についてはほとんど役に立たないということであった。

この無力感・無能感から陰謀史観は生まれる。陰謀史観というのは、どこかにすべてをコントロールしている「張本人（author）」がいるという仮説である。一見すると、まったく支離滅裂に、いかなる法則性にも随わずランダムに、まさに「想定外」のしかたで生起しているように見えるもろもろの事象の背後には、他者の苦しみから専一的に受益している陰謀集団が存在する。そういう物語への固着のことを陰謀史観と呼ぶ。

陰謀史観は人類史と同じだけ古いが、近代の陰謀史観は18世紀末のフランス革命を以て嚆矢とする。革命が勃発したとき、それまで長期にわたって権力と財貨と文化資本を独占してきた特権階級の人々はほとんど一夜にしてすべてを失った。ロンドンに亡命したかつての特権階級の人々は日々サロンに集まっては自分たちの身にいったい何が起きたのかを論じ合った。けれども、自分たちがそこから受益していた政体が、自分たちがぼんやりと手をつかねているうちに回復不能にまで劣化し、ついに自壊に至ったという解釈は採らなかった。彼らはもっとシンプルに考えた。これだけ大規模な政治的変動という単一の「出力」があった以上、それだけの事業を成し遂げることのできる単一の「入力」があったはずだ。自分たちは多くのものを失った。だとすれば、自分たちが失ったものをわがものとして横領した人々がいるはずである。その人々がこの政変を長期にわたってひそかに企んできたのだ。亡命者たちはそう推論した。

だが、革命前のフランス社会には、そのような巨大な事業を果しうるほどの力を備えた政治集団は存在しなかった。少なくとも政府当局はそのようなリスクの切迫を感知していなかった。しかるに、ある日突然、磐石（ばんじゃく）のものと見えていた統治システムが根底から覆されたのである。恐るべき統率力をもった単一の集団によって事件は計画的に起こされたに違いないのだが、事前にはそのような事業をなし得る政治的主体が存在することさえ知られていなかったのだとすると、そこから導かれる結論はひとつしかない。それは一国の政体をあっというまに覆すことができるような巨大な政治的主体が**久しく姿を現さないままに活動していた**という「秘密結社の物語」である。

陰謀史観の本質はこの推論形式に現われている。それは「巨大な政治的主体が誰にも気づかれずに活動している」ということが**まず事実として認定され**、そのあとに「それは何者か」という問いが立てられるということである。重要なのは「陰謀集団が存在する」ということであって、それが誰であるかということには副次的な重要性しか与えられない。事実、ロンドンに亡命した貴族たちは「犯人は誰か?」という問いに熱中した。フリーメーソン、ババリアの啓明結社、聖堂騎士団、プロテスタント、英国の海賊資本、ジャコバン派、ユダヤ人……さまざまな容疑者の名が上がった。そして、多くの陰謀史観論者は「犯人」の特定を二転三転させたが、それを恥じる様子は見られなかった。その様子は適当な容疑者を殺人事件の犯人に仕立て上げて一件落着を急ぐ冤罪常習者の警察官を思わせる。彼らにとっては「この事件の全過程をコントロールしている単一の犯人が存在する」という信憑を強化できるのであれば犯人は誰でもよかったのである。

人類史上最悪の「反知性主義」事例

最終的に19世紀末にエドゥアール・ドリュモンというジャーナリストが登場して、「フランス革命からの100年間で最も大きな利益を享受したのはユダヤ人である。それゆえ、フランス革命を計画実行したのはユダヤ人であると推論して過たない」と書いた。この推論は論理的に間違っている（「風が吹いたので桶屋が儲かったのだから、気象を操作したのは桶屋である」という推論と同型である）。だが、フランス人たちはそんなことは気にしなかった。ドリュモンのその書物、『ユダヤ的フランス（*la France juive*）』は19世紀フランス最大のベストセラーになり、多くの読者がその物語を受け容れ、著者宛てに熱狂的なファンレターを書き送った。その多くは「一読して胸のつかえが消えました」、「頭のなかのもやもやが一挙に晴れました」、「これまでわからなかったすべてのことが腑に落ちました」という感謝の言葉を書き連ねたものだった。読者たちはどうやらこの物語に身体の深いところで納得してしまったようである。

やがて、ドリュモンのこの物語は、同時期にロシアの秘密警察が捏造した偽書『シオン賢者の議定書』とともに全世界に広がり、半世紀後に「ホロコースト」として物質化することになった。フランス革命とユダヤ人を結びつけた陰謀史観の物語は、おそらく人類史上最悪の「反知性主義」の事例としてよいだろう。

600万人のユダヤ人の死を帰結したこの物語の最初のきっかけが、はげしい「知的渇望」だったということを私たちは忘れるべきではない。そして、この書物を迎えた読者たちの支配的な反応が「長年の疑問が一挙に氷解しました。ありがとう」という大きな解放感と感謝の気持ちだったことも。

歴史的変動（ドリュモンの場合は、産業革命以後のフランスの急速な近代化・都市化・産業化趨勢）に遭遇した人々が「どうして『こんなこと』が起きたのか」を知りたがるのは人間知性の自然である。知性の健全のあかしであると言ってもよい。しかし、その知的渇望はどこかで反知性に転じた。どこで転じたのか。

いささか無礼な言い方になるが、それは一言で言えば、彼らが自分程度の知力でも理解できる説明を切望したからである。

実際に、フランス革命は単一の「張本人」のしわざに帰することのできるような単純なものではなかった。統治システムの経年劣化、資本主義の発達に伴う生産や流通構造の変化、科学とテクノロジーの進化、近代市民社会理論の登場、英雄的革命家の出現など無数のファクターが革命の勃発には関与しており、そのどれか一つが欠けていても、革命は別の軌跡を辿り、別の政治的事象となったはずである。だから、「どうして革命が起きたのか？」という問いに対して、一言で答えることは不可能なのである。強いて言えば、「いろいろな原因の複合的効果によって」というのがもっとも正直な回答なのであろうが、そのようなあいまいな説明を嫌って、人々は「ずばり一言で答えること」を求めた。

これもまた知的渇望の一つのかたちなのである。同一の現象について複数の説明がある場合、もっともシンプルな説明を選好する。これもまた知性の働きである。たしかに、一見複雑怪奇に見える現象の背後には、美しいほど単純な数理的法則が存在するという直感こそは、科学的知性を起動させる当のものだからである。

数学にはさまざまな「予想」が存在する。フェルマー予想をフェルマーは「証明した」と書き残したが、久しく誰も証明も反証もできなかった。予想が証明されたのは360年後のことである。リーマン予想は予想が示されてから150年経った現在でも証明されていないが、多くの数学者はいずれ証明されると信じている。数学における「予想」の存在が示すのは、平たく言えば、人間には「まだわからないはずのことが先駆的にわかる」能力が備わっているということである。

かつてソクラテスは「問題」について似たようなことを言った。「問題」というのはよく考えると不思議な性質のものである。私たちはその解法がわかっているものを「問題」としては意識しない。またその逆に、その解法がまったくわからないものも「問題」としては意識しない。私たちが「これは問題だ」と言うのは、まだ解けていないが、時間と手間をかければいずれ解けることが直感されているものだけである。私たちの知性は、自分がまだ解けていない問題について「まったく解けない」のか「手間暇さえかければ解ける」のかを先駆的に判断している。

私たちの知性はどこかで時間を少しだけ「フライング」することができる。知性が発動するというのはそういうときである。まだわからないはずのことが先駆的・直感的にわかる。私はそれが知性の発動の本質的様態だろうと思う。

先駆的直感には時間が関与する

あらゆる自然科学は、一見ランダムに生起しているかに見える自然現象の背後に数理的な法則性が走っていることを直感した科学者たちによって切り拓かれてきた。その科学的知性のプロトタイプは、自然を前にしてじっと観察している子どものうちに見ることができる。子どもたちを自然の中に放置すると、しばらくしてそれぞれの興味に従って「観察するもの」を選び出す。あるものは昆虫を眺め、あるものは花を眺め、あるものは空の雲を眺め、あるものは海岸に寄せる波を眺める。そうしているうちに、子どもたちがふっと観察対象のなかにのめり込む瞬間が訪れる。それは彼らの様子を横で見ているとわかる。いったいどういう場合に「のめり込む」のか。それは「パターンを発見したとき」である。虫の動きのうちにある法則性があることを直感したとき、花弁のかたちにある図形が反復することを直感したとき、岸辺に寄せる波の大きさに一定のパターンがあることを直感したとき、子どもたちは彼らなりのささやかな「予想」を立てる。もし自分の仮説が正しければ、次は「こういうこと」が起きるはずだと考える。そして自分の「予想」の通りの「イベント」が起きるかどうか息を詰めて見守る。そのとき、子どもたちは自然の中に一歩踏み込み、自然と融合している。それは、はたで見ていても感動的な光景である。そのとき、私たちは彼らのうちで科学的知性が起動した瞬間に立ち合っているからである。

このような「対象へののめり込み」は「ずばり一言で言えば」というシンプルな説明を求める知的渇望とは似て非なるものである。どちらもランダムな事象の背後に存在する数理的秩序を希求している点では変わらない。でも、一点だけ決定的に違うところがある。それは先駆的直感には時間が関与していることである。

自分がある法則を先駆的に把持していることはわかるけれどそれをまだ言葉にできないときの身もだえするような前のめりの構えにおいて、時間は重大なプレイヤーである。「まだわからないけれど、そのうちわかる」という予見が維持できるのは、時間の経過とともにその予見の輪郭や手触りがしだいに確かなものに変じてゆくからである。「熟す」という言い方をしてもいい。青い果実が時間とともにしだいに果肉を増し、赤く変色し、ずしりと持ち重りのする熟果になるプロセスにそれは似ている。Time is on my side というローリングストーンズの名曲があるが、「時間は私の味方である」というのは、時間の経過とともに自分の予見や願望がしだいに現実性を増してゆくことが今この瞬間も感知されている消息を語っている。

フェルマー予測は証明までに360年がかかった。一人の人間の寿命どころか、一つの王朝の興亡に匹敵する時間である。その予測が維持されたのは、時間の経過とともに予測の証明に「近づいている」という実感を世代を超えた数学者たちが共有したからである。

「私が見ているものの背後には美しい秩序、驚くほど単純な法則性が存在するのではないか」という直感はある種の「ふるえ」のような感動を人間にもたらす。その「ふるえ」は、その秩序や法則を発見した「個人」が名声を得たり、学的高位に列されたり、世俗的利益を得たりすることを期待しての「ふるえ」とは違う。「誰にでもすぐにその価値や意味が理解されそうな発見」はたぶんそれほどの感動をもたらさない（経験したことがないから想像だが）。ノーベル賞級の発見をしたのだが、ジャーナルに早く投稿しないと、「他の誰か」が自分と同じ発見をして、プライオリティも特許も奪われてしまうかもしれないと恐れているときの「ふるえ」は、私が話しているものとは違う。「他の誰か」が自分と同じ発見をしてしまうかもしれないから「急ぐ」という構えそのもののうちに、何か本質的に反知性的なものがあるように私には思われる。というのは、自分が直感的に幻視した仮説が「他の誰かによって、すぐに」追尋可能なものであるということが本人にもわかっているなら、実はそれはそれほど直感的ではなかったということだからである。真の直感はもっと大きな時間の流れの中に人を置く。

　自分は今、これまで誰も気づかなかった「巨大な知の氷山」の一片に触れた。それはあまりに巨大であるために自分ひとりでは、一生をかけても、その全貌を明らかにすることはできない。だから、これから先、自分に続く多くの何世代もの人々との長い協働作業を通じてしか、自分が何を発見したのかさえ明らかにならないだろう。そのような宏大な見通しのうちで、まだ顔も知らない（まだ生まれてもいない）未来の協働研究者たちとのたしかな連帯を感じるときに、ひとは「ふるえ」を覚えるのだと私は思う。

　ひとが「ふるえる」のは、自分が長い時間の流れの中において、「いるべきときに、いるべきところにいて、なすべきことをなしている」という実感を得たときである。「いるべき」ときも、「いるべき」ところも、「なすべき」わざも、単独では存立しない。それは、死者もまだ生まれぬ人たちをも含む無数の人々たちとの時空を超えた協働という概念抜きには成立しないのである。もう存在しないもの、まだ存在しないものたちとの協働関係というイメージをありありと感知できた人間のうちにおいてのみ、「私以外の誰によっても代替し得ない使命」という概念は受肉する。

「社会的あるいは公共的」であることの条件

自然科学というのはまさにそのようなものである。科学性とは何かということについて深く考究したカール・ポパーはこんな例を挙げている。無人島に漂着したロビンソン・クルーソーが孤島に研究室を建て、そこで冷徹な観察と分析に基づいて膨大な数の論文の執筆をなしとげたと仮定する。その研究成果は現在の自然科学の知見とぴたりと一致するものであった。さて、クルーソーは「科学者」だと言えるだろうか。ポパーは「言えない」と答える。ロビンソンの科学には科学的方法が欠如しているからである。

「なぜなら、彼の成果を吟味する者は彼以外にはいないし、彼個人の心性史の不可避的な帰結であるもろもろの偏見を訂正しうる者は彼以外にはいない」からである。

人が判明でかつ筋道の通ったコミュニケーションの修練を積むことができるのは、ただ自分の仕事をそれをしたことのない人間（*somebody who has not done it*）に向かって説明する企てにおいてだけであり、このコミュニケーションの修練もまた科学的方法の構成要素なのである。

（Karl Popper, *The Open Society and Its Enemies*, Vol.II, Princeton University Press, 1971, p.219, 強調はポパー）

ポパーは科学的客観性とは何かについて、ここでたいへんクリアカットな定義を下している。

> われわれが「科学的客観性」と呼んでいるものは、科学者の個人的な不党派性の産物ではない。そうではなくて科学的方法の社会的あるいは公共的性格（*social or public character of scientific method*）の産物なのである。そして、科学者の個人的な不党派性は（仮にそのようなものが存在するとしてだが）この社会的あるいは制度的に構築された科学的客観性の成果なのであって、その起源ではない。
>
> （*Ibid.*, p.220）

> 科学および科学的客観性はひとりひとりの科学者の「客観的」たらんとする個人的努力に由来するものではない（由来するはずもない）。そうではなくて、**多くの科学者たちの友好的―敵対的な協働**に（*friendly-hostile co-operation of many scientist*）由来するのである。
>
> （*Ibid.*, p.217, 強調はポパー）

私はポパーが「科学」について述べたことは「知性」についてもそのまま準用できるだろうと思う。科学の場合と同じく、知性が知性的でありうるのは、それが「社会的あるいは公共的性格」を持つときだけである。個人がいかほど「知性的であろう」と念じても、人は知性的であることはできない。知性は「社会的あるいは公共的」なかたちでしか構築されないし、機能もしない。

ただし、「社会的あるいは公共的」という言葉から、「学会」のようなものを漠然と想像すべきではないだろう。複数の専門家が一堂に会して、相互に忌憚なく業績を評価する仕組みができているというだけでは「社会的あるいは公共的」という条件は満たされない。現に、20世紀以降でも、さまざまな国家において当代一流の学者たちがぞろぞろと時の権力者の喜びそうな学説の保証人になった例を、私たちはいくらでも知っているからである。ある一時点において多くの支持者を得た支配的な学説であるということだけでは「社会的あるいは公共的」という条件は満たされない。「社会的あるいは公共的」であるためには、時間を味方にしなければならない。時間の経過とともに、学説のあちこちに散乱していた「満たされるべき空虚」がひとつひとつ充塡されてゆくような力動的なしかたで構成されたものを「社会的あるいは公共的」な言明と呼ぶべきだと私は思う。そのようなプロセスが出来するためには、そのプロセスには「原理的にその場に居合わせることができないもの」たちも含まれていなければならない。死者たちにもいまだ生まれざる者たちにもまたその場に参加する正式の招待状が送られていなければならない。

社会性、公共性とはいまここにおける賛同者の多寡によって計量されるものではない。そうではなくて、過去と未来の双方向に向けて、時間的に開放されているかどうか、それが社会性・公共性を基礎づける本質的な条件だろうと私は思う。「協働」という言葉に私が託したいのは、そのような「存在しない人々」をもフルメンバーとして含む、時空を超えて拡がる共同体の営みのイメージである。

ポパーはかつて、科学者は先行する世代の科学者たちの「肩の上に立って」仕事をするという卓越した比喩を用いたことがある。死者たちからの贈与の恩恵を私たちはいま享受している。だとすれば、私たちの仕事の成果に何らかの価値があったとしたら、その果実を受け取るのは未来の科学者たち、まだ生まれていない、私たちがまだその顔も知らない科学者たちであることになる。先行世代から伝えられた「パス」を、次世代に繋ぐこと。ポパーの「社会的あるいは公共的」という言葉から私が思い浮かべるのは、そのような時間の流れの中で生起する繋がりである。

反知性主義を決定づける「無時間性」

それゆえ、時間の中でその真理性がしだいに熟してゆくような言明を私は「知性的」と呼びたいと思っている。私が時間の関与にこだわるのは、「ランダムな事象の背後に存在する数理的秩序」を幻視する知性の渇望が必ずしも知性的なものではないということを言いたかったからである。陰謀史観がその適例であるが、それは同時代に多くの賛同者を得たという意味についてだけ言えば「社会的・公共的」な仮説と言えなくもない。けれども、そこには構造的に欠落しているものがあった。そこには時間が流れていないなかったのである。

ドリュモンは古代ローマから現代まで、ヨーロッパの全歴史は「セム族の世界支配の陰謀との戦い」の歴史であったと書いた。それゆえ、これからのちも同じ戦いが意匠を変えて継続することになるだろう、と。彼の物語において、死者たちも未来世界の人々も、その相貌はほとんど変わることなく同一である。セム族の人間は永遠不変のセム的性格を負い続け、アーリア人種も永遠のアーリア人性を負い続ける。たしかに、それによって世界史の見通しは驚異的にシンプルなものになる。あらゆる歴史的出来事は同一の戦いの反復と変奏だったのである。ドリュモンの物語の中で、死者たちは誰もがぎくしゃくした「操り人形」のように無個性的で、無表情である。彼らはただ単一の分かり易いストーリーを再演するためだけにそこに繰り返し召喚される。私はドリュモンの書いた膨大な反ユダヤ主義文献を読みながら何度も窒息感を覚えた。彼において、過去はほとんど現在であった。古代ローマ人も中世の騎士たちも、19世紀末のフランスの紳士たちと同じような論理と感受性によって行動している。その絶望的な「広がりのなさ」に私は辟易したのである。その経験が私に教えてくれるのは、反知性主義を決定づけるのは、その「広がりのなさ」「風通しの悪さ」「無時間性」だということである。

反知性主義者たちにおいては時間が流れない。それは言い換えると、「いま、ここ、私」しかないということである。反知性主義者たちが例外なく過剰に論争的であるのは、「いま、ここ、目の前にいる相手」を知識や情報や推論の鮮やかさによって「威圧すること」に彼らが熱中しているからである。彼らはそれにしか興味がない。

だから、彼らは少し時間をかけて調べれば簡単にばれる嘘をつき、根拠に乏しいデータや一義的な解釈になじまない事例を自説のために駆使することを厭わない。これは自分の仕事を他者との「協働」の一部であると考える人は決してすることのないふるまいである。

私はこれを「エンドユーザー・シップ」というふうに呼んでいる。自分の知的努力を享受するのは自分ひとりである。自分の努力がもたらした成果は自分が使い切る。誰にも分与しない、贈与もしない。そう考える人のことを私は「エンドユーザー」と呼ぶ。

これは大学で卒論指導をしているときに学生たちに毎年伝えたことである。私はこんなふうにオリエンテーションのときに話した。

諸君にはこれから卒業論文というものを書いてもらう。これは君たちがこれまで書いてきた「レポート」とは性質が違うものである。「レポート」の場合、君たちは自分がどれほど勉強したか、どれほど出席して講義をノートしたかを、教師ひとりに専一的にアピールすれば済む。「レポート」はふつう教師ひとりしか読まない。だから、たとえそこに嘘を書いても、読んでもいない本を読んだことにしても、ネットからコピーした文章を切り貼りしても、教師ひとりがそれを見落とせば、諸君は高い評点をもらえる可能性がある。そういう「レポート」は評点をもらったらその使命を終え、誰にも読まれることなく、そのまま退蔵され、やがて捨てられる。それがどれほど不出来でも、どれほど誤謬や推論上のミスがあっても、それで困るものはどこにもいない。

卒論はそれとは違う。卒論は君たちのほとんどにとって生涯にただ一度だけ書く「学術論文」である。それは潜在的には「万人」が読者であるということを意味している。教師ひとりが読むわけではない。だから、仮にデータの数値が間違っていたり、引用文献の書名が間違っていたり、事実誤認があったり、論理的に筋道が通らないことが書かれていた場合、仮に教師が読み落としても、他の誰かから指摘される可能性がある。実際に、うちのゼミ生の卒論をネットで公開したとき、自著からの「盗用」に気づいて指摘してきた人がいた。その学生はまさか盗用した本人が自分の論文を見ることになるとは思っていなかったのだろう。

だから、論文の読者が「万人」であるということは書き手にそれなりの緊張感を求める。けれども、それは必ずしもストレスフルな緊張感には限られない。諸君には「君たちと同じテーマで卒論を書くことになった、何年か先の内田ゼミの後輩」を想定読者に論文を書いて欲しい。それならどう書いていいかわかるはずだ。

「重箱の隅を突くような」査定的なまなざしを意識して文章を書くことがいつもよいこととは限らない。たいていの場合、査読者に「自分の論文がどれほどの評点を得るのか」怯えながら書くよりも、自分の後輩を想定読者にして、彼女たちが「自分の論文からどれほどの利益と愉悦を得るか」を想像しながら書く方がずっと生産的だ。

そう考えれば、どう書けばよいかはわかるだろう。君たち自身がこのテーマで卒論を書こうと決めたとき、「こういう先行研究があったらいいな」ということを漠然と思い描いたはずだ。だったら、それをそのまま後輩のために書くようにすればいい。論理的な記述を心がけるのも、引用に正確を期すのも、データや史料の恣意的解釈を自制するのも、それは君たちの書いた「先行研究」を後輩たちがその上に立つことのできる「肩」にするためだ。君たちが読みやすくて、論理的で、データが豊富で、信頼性の高い研究論文を書き残せば、それは「パブリック・ドメイン」として多くの後続研究者に繰り返し利用されることになる。学術研究では「被言及回数・被引用回数」がその論文のもつ影響力の尺度として用いられるけれど、それは言い換えれば、その研究の「社会性・公共性」が高いということだ。

君たちがこれから書く論文の価値を判定するのはゼミの指導教師である私ではない。これから君たちの論文を読むことになる「まだ存在してない読者たち」である。その人たちのために書かなければならない。「レポート」の場合、どれほどひどいものを書いても、どれほど引用のしかたがずさんでも、データの転記ミスがあっても、それを読んで実害をこうむる読者は（絶望的な気分になる教師の他には）誰もいない。でも、「論文」の場合はそうではない。もし、君たちが引用出典の頁数を間違えたり、書名を誤って表記していたら、後輩たちは典拠を探しあぐねて図書館で何時間もうろうろしなければならないかも知れない。論理的に記述されていなければ、いったい何を言いたいのか知るために繰り返し同じ頁をめくらなければならないかも知れない。論文の質がよいか悪いか、それから影響を受けるのは、まだ見ぬ読者たちである。君たちが質のよい論文を書けば、それによって受益するのは、まだ見ぬ読者たちである。君たちはその人たちに向けて「よいパスを出す」ことを期待されている。論文において君たちはエンドユーザーではなく、パッサーなのである。

おおよそそのような話を私は卒論ゼミの最初の時間に学生たちに話してきた。易しい言葉づかいではあるけれど、私なりに「知性的」であるとはどういうことか、「科学的」であるとはどういうことかを学生に説き聞かせてきたつもりである。それは最終的には「まだ見ぬ読者たち」との協働の営みをどれほど生き生きと想像できるかにかかっている。

反知性的なふるまいは「狭さ」を特徴とする。それは上に書いたとおりである。彼らは「いま、ここで、目の前にいる人たちを威圧すること（黙らせること、従わせること）」を当面の目標にしている。それ以外には目的がない。その場での相対的優位の確保、それが彼らの求めるもののすべてである。ほんとうにそうなのだ。彼らには「当面」しかない。彼らは時間が不可逆的なしかたで流れ、「いま、ここ」で真実とされていることが虚偽に転じたり、彼らが断定した言明の誤りが暴露されることを望まない。それくらいなら、時間が止まった方がましだと思うのである。この「反時間」という構えのうちに反知性主義の本質は凝集する。

「未来を持たない」ことを代償として

20世紀における反知性主義者のワーストテンに必ず算入されるはずの人間に、ジョセフ・マッカーシー上院議員がいる。彼が常習的な嘘つきであり、金に汚く、卑劣漢であったことについては無数の証言があるが、それは彼が1950年から1954年までトルーマン、アイゼンハウアーという二代の大統領の権限を「半身不随」に追い込むほどの権力を持った理由を説明してくれない。全盛期のマッカーシーはその一挙手一投足を世界のメディアが注視するアメリカでただ一人の上院議員だった。同盟国イギリスの『タイムズ』は彼のまわりに立ちこめる空気を「西側の政策決定にあたって不可欠の要素」と語り、ウィンストン・チャーチルはエリザベス2世の戴冠式の祝辞の中で、マッカーシー批判の一節を挿入することを自制できなかった。短期ではあったけれど彼が国内外にふるったこの恐るべき影響力は、彼の徹底的に反知性主義的な構えにあったと私は考えている。

反知性主義はしばしば法外な政治力を持つことがある。ただし、それは「未来を持たない」という大きな代償と引き替えにしか手に入らない。反知性主義者の最大の特徴は「少し時間と手間をかければ根拠がないことが露見する話」を自信たっぷりに語ることにあるからである。

これほど自信ありげに断言するからには彼はきっと「真実」を語っているに違いないと人々は推論する。この推論そのものは経験的には正しい。けれども、少し時間が経つうちに、彼の話につじつまの合わないところが出て来て、疑問に思って話の裏を取ろうとする人も出てくる。すると、彼は「そんな話をしているんじゃない」と一喝して、また違う話を自信たっぷりに断言する。すると、これほど自信ありげに断言するからには、彼はきっとこの話題についてはは真実を語っているに違いないと人々は推論し、問題になっている過去の断言についての吟味を停止する……ということが何度か繰り返される。それが何度か繰り返されているうちに、人々はどうも彼はその場しのぎで嘘を言うことで政治生命を延命させていただけではないのかということにようやく思い至る。でも、信じられないのだ。「どうしてそんなことをするのか」意味がわからないからだ。それが暴露されたときに（時間が経てば必ず暴露される）失うものがあまりに多いからだ。それがわかっていて、なぜ彼はあれほど嘘をつき続けたのか。マッカーシーも、上院議員として選挙民区でこまめに「どぶ板」活動をしているくらいのことで満足していれば、酒浸りで48歳で窮死することもなかっただろう。

「隠された真実」の発見

ジョセフ・マッカーシーは政敵への遠慮ない人格攻撃と悪質な経歴詐称によって順調に政治的キャリアを積み重ね、40代で上院議員に選出された。

「一九五〇年の初め頃は、マッカーシーはウィスコンシン州以外の世間の人にとってはとるにたらぬ人間であった。ウィスコンシン州ではかれは下品で大げさな身振りの、公共の利益にいいかげんな態度で臨む安っぽい政治家として知られていた。アメリカ人百人のうち一人がその存在を知っていたかどうかも怪しい」という当時のジャーナリストの筆致は決して意地が悪すぎるというわけではない。（R・H・ロービア、『マッカーシズム』宮地健次郎訳、岩波文

庫、1984年、13頁)

ある日転機が訪れる。1950年ウェストヴァージニア州のウィーリングの共和党婦人クラブという小さな集会で、マッカーシーはその歴史的な演説をした。演説中で彼は、国務省は共産主義者の巣窟であり、自分も国務長官もその名前を記載したリストを持っているという爆弾発言を行った。

「後日、マッカーシーは共産主義者が二〇五人と言ったか、八一人、五七人、それとも『多数の』と言ったかということで若干の論争があったが(かれがなにか言うと必ず論争があった)、『国務長官にも知られている』共産主義者が『今もなお勤務し、政策をたてている』、これは事実だとかれが主張したのにくらべれば、数はどうでもよかった」(同書、13頁)

ただちに上院に調査委員会が組織されたが、マッカーシーはたいしたことを知っているわけではないということしかわからなかった。問題は、委員会がマッカーシーに「政府部内に共産主義者がいること」を証明せよと要望する代わりに、政府当局者は「政府部内に共産主義者がいないことを証明すべきだ」というマッカーシーの言い分にうっかり同意してしまったことだ。悪魔の証明である。ある政府部局に共産主義者が「ひとりでもいる」ことは簡単に証明できるが、「ひとりもいない」ことはほとんど証明不可能である。マッカーシズムの期間、政府の各部局の長たちはマッカーシーの弾劾から組織を防衛するために「自分は腐敗しておらず、共産主義に反対で、反逆者を雇用してもいない」ことを証明することを他のすべての業務に優先せざるを得なかった。この無意味な作業のためにアメリカが5年間でどれほどの国益を失ったのかを計測したものはいないが、おそらく天文学的な数値に上るだろう。彼が在任中に摘発できた「反逆者」は何人かの元共産党員だけに過ぎなかったが、彼が破壊したものは桁外れだった。

マッカーシーは実際には共産主義者が政府部内に侵入しているのかどうか知らなかったし、興味もなかった。彼に必要だったのは何よりも「注目を浴びること」だった。

彼がウィーリングで歴史的な演説をしたのは1950年2月9日だが、その1月前の1月7日にマッカーシーはワシントンで三人の選挙コンサルタントたち（ひとりの神父、ひとりの大学教授、ひとりの弁護士）とディナーを取りながら次の選挙の「目玉」になりそうな政策を物色していた。コンサルタントの一人はマッカーシーに「セント・ロレンス水路」の推進はどうかと提案した。マッカーシーはそれにはとりあわず、65歳以上のものに月額100ドルの年金をばらまくのはどうかと逆提案した。コンサルタントたちは賛成しなかった。別のコンサルタントが共産主義者の勢力拡大と破壊活動を主題にするのはどうかというアイディアを出した。マッカーシーはこれに飛びついた。彼らはしばらく討議したが、その話を持ち出した神父自身がマッカーシーの興奮ぶりを警戒して、こういう問題にあまり無責任なしかたで取り組まないようにと釘を刺した。マッカーシーは慎重に取り組むと約束したが、もちろん約束は守られなかった。

この逸話は私に「反ユダヤ主義の父」ドリュモンがユダヤ人のフランス支配の陰謀の物語を着想したときのことを思い出させる。ドリュモンはその大著の刊行まで、新聞記者としてある新聞社で働いていた（その経営者はユダヤ人であり、彼はその社で厚遇されていた）。そしてある日、ドリュモンは、フランスの政治家も官僚も財界人もメディアもすべてはユダヤ人に支配されているという「隠された真実」を発見した。その証拠に、フランスのメディアは「政官財をユダヤ人が事実上支配している」という真実を報道していない。この完璧な報道管制こそユダヤ人の支配がフランス社会の隅々まで徹底していることの動かぬ証拠である。彼自身ユダヤ人が経営している新聞社で働きながら、そのことに気づかずにいたくらいだ……。不思議な論法であるが（ドリュモンという人は論理的な思考がほんとうに苦手な人だった）、読者たちはそれを読んで「なるほど」と同意した。

マッカーシーもまたある日、共産主義者たちがひそかに政府を支配し、政策を起案しているという「真実」を発見した。まさに共産主義者が政策決定に深く関与していることが、共産主義者が政策決定に深く関与しているという事実が少しも明らかにされない当の理由なのだという論法もドリュモンとよく似ている。「そうでないことを証明してみせよ」という恫喝によってマッカーシーは4年間にわたって大統領と議会ににらみを効かせ、FBIを頤使（いし）し、アメリカ社会を狂騒と混乱のうちに陥れた。

反知性主義者のほんとうの敵

なぜ、このような人物がこれほどの政治力を発揮しえたのか。理由の一つは彼が「政府には共産主義者が巣喰っている」という自分が喧伝している当の物語を一瞬たりとも信じたことがなかったからだと、『マッカーシズム』の著者は書いている。私もこれに同意の一票を投じる。

> 本当にそう信じ、本当に気にかけていたのなら、唯面倒くさいからとか、期待したような大見出しにならなかったからという理由で、調査を放棄するようなことはしなかっただろう。かれは政治的投機者、共産主義を掘り当て、それが噴油井を上って来るのを見た試掘者だったのである。そしてその噴油井が気に入った。しかし、別のどういう噴油井でも同じように気に入ったことであろう。
>
> （同書、97頁）

例えば、マッカーシーはＣＩＡこそ「最悪の状態」だと述べ、そこには百人以上の共産主義者がおり、それをこの手で根絶してみせると宣言した。だが、政府部内にマッカーシーの調査員たちがＣＩＡを土足で歩き回ることを望むものはいなかった。彼らは自分たちの身内の調査委員会の結論（「何もありませんでした」）をマッカーシーに伝えた。マッカーシーはこれ以上ことを荒立てると誰かの虎の尾を踏むリスクがあることを感じ取ったのか、「この問題はこれ以上踏み込まない」と言って調査を切り上げた。マッカーシーの告発が正しければ、CIAはそれ以後も「最悪の状態」のままだったはずであるが、そのことはマッカーシーをあまり悩ませなかった。結局のところマッカーシーのキャンペーンは最終的に何一つ成就しなかったし、調査をすると発表しながら、調査に着手しないことさえあった。

マッカーシーのカラフルな事例が教えてくれる最も豊かな教訓の一つは、自分の言っていることを信じていない人間は、自分の言っていることを信じている人間よりも、論争的な局面ではしばしば有利な立場に立つという事実である。ふつうの人は、自分の言いたいことにまだ充分な裏付けがない場合は断定的に語るのを自制する。だから、どうしても歯切れの悪い言い方になる。そして、自分が「確信のないことを語るときの気後れ」を他人も経験するはずだと推論する。残念ながら、マッカーシーはそのような気後れとまったく無縁の人物であった。ロービアのほとんど詩的な罵倒を採録すると「マッカーシーは確かに嘘つきのチャンピオンだった。かれは思うままに嘘をついた。怖れることなく嘘をついた。白々しい嘘をつき、真実に面と向かって嘘をついた。生き生きと、大胆な想像力を用いて嘘をついた。しばしば、真実を述べるふりすらしないで嘘をついた。」（同書、71頁）

反知性主義者には気後れというものがない。その点で、彼は論争における勝負の綾を熟知していると言ってよい。「ふつうなら気後れして言えないこと」を断定的に語る者はその場の論争に高い確率で勝利する。

しかし、このような「短期決戦」スタイルの言論は当然ながら「手間暇をかけて裏を取る」人によってていねいに吟味されるといずれ土台から崩壊する。時間が経てば必ず崩壊する。だから、反知性主義のほんとうの敵は目の前にいる論敵ではない（彼らは目の前にいる人間のことなど、ほとんど気にしない）。彼らのほんとうの敵は時間なのである。

デマゴーグは反復を厭わない

時間はどのような手立てを講じようと経過する。そして、その過程で「嘘」は必ず露呈する。反知性主義者はだからある意味で「時間と戦っている」のである。それゆえ、彼らの戦術的狡知は「時間を経過させない」ことに集中することになる。

時間を経過させないことは人間にはもちろんできない。人間にできるのは「時間が経過していないように思わせる」ことだけである。これについては経験的にかなり確かなやり方がある。それは反復である。「同じ言葉を繰り返すこと」「同じふるまいを繰り返すこと」によって時間は止まる（ように見える）。すべての反知性主義者はこの点については実に洞察力にすぐれた人類学者だと言わなければならない。彼らは太古の祭祀儀礼以来、同じリズム、同じメロディで反復される同じダンスを見せられているうちに、人間は時間の感覚を失ってしまうということを熟知している。強化された反復によって、人間の時間意識は麻痺する。自然的時間は経過するのだが人間的時間は経過しない。歴史上のすべてのデマゴーグはこのことを直感的に知っていた。彼らはしばしば「雄弁」だと言われるが、その「雄弁」性は次々と新しい語彙を作り出すとか、次々と新しい概念を提出するとか、次々と新しいロジックを繰り出すというかたちでは示されない。彼らの「雄弁」性の本質を形成するのは、同一のストックフレーズの終わりなき繰り返しを「厭わない」という忍耐力なのである。

ふつうの人間は同一性の反復に長くは耐えられない。同一の口調、同一のリズム、同一のピッチ、同一の身振りを繰り返すということはどこか本質的に反生命的・反時間的なふるまいだからである。同一的なものの反復は反生命的であり、反時間的である。だが、デマゴーグは反復を厭わない。むしろ反復に固執する。同じ表情、同じ言葉づかいで、同じストックフレーズを繰り返し、同じロジックを繰り返す。政治的失敗を犯した場合でさえ、その失敗をあえて二度三度と繰り返す。彼らは失敗から学習するということをしない。学習によって「変わる」とせっかく止めていた時間が動き始めてしまうからだ。彼らは同じ表情で、同じ言葉を繰り返す。それを見ているうちに、私たちはそれがいつの出来事だったのか、しだいにわからなくなってくる。1年前の出来事なのか、3年前の出来事なのか、それとも1年後の出来事なのかが識別ができなくなる。この過剰なまでの同一性への固執は彼らの知的無能を示しているのではない。むしろ、彼らの戦術的狡知の卓越性を示している。彼らは自分たちが息を吐くようについている嘘が時間の経過に耐え得ないものであることを知っている。だから、時間を止めようとするのである。

政治にマーケットは存在しない

現代に話を戻す。これまでもいろいろなところで書いてきたことの繰り返しになるが、わが国はいま「国民国家のすべての制度の株式会社化」のプロセスを進んでいる。平たく言えば、金儲けに最適化したシステムだけが生き残り、そうでないシステムは廃絶されるというルールに国民の過半が同意したのである。営利企業の活動はもちろんのこと、農林水産業のような自然の繁殖力を永続的に維持管理するための活動も、医療のような国民の健康を保持するための活動も、教育のような次世代の担い手の市民的成熟を支援するための仕組みも、すべてが経済効率だけを判定基準にして淘汰されるべきだという判断に国民の過半が同意を与えた。この趨勢を「国民国家の株式会社化」と私は呼ぶ。

株式会社のＣＥＯは独断専行で経営政策を決定する。従業員や株主の合意を得てからはじめて経営判断を下すような経営者はいない。そのような手間暇をかけていては生き馬の目を抜くグローバル資本主義を生き残れない。ワンマン経営が推奨されるのは、経営判断の適否はただちにマーケットによって検証されることをみんな知っているからである。「マーケットは間違えない」。これはすべてのビジネスマンの信仰箇条であり、これに異を唱えるビジネスマンはいない。CEOの経営判断の適否は、タイムラグなしに、ただちに、売り上げや株価というかたちで可視化される。どれほど非民主的で独裁的なCEOであっても、経営判断が成功している限り、そのポストは安泰である。

現代の政治家たちは「株式会社のCEOのような統治者」をロールモデルにしている。そして、そのことを国民もまた当然のことのように思っている。けれども、人々は国家は株式会社のように経営することはできないという平明な事実を忘れている。政治にはビジネスにおける「マーケット」に対応するものが存在しない。

国政におけるいまここでの政策の適否は今から50年後、100年後も日本という国が存続しており、国土が保全され、国民が安らぎのうちに暮らしているかどうかによって事後的にしか検証されない。株式会社であれば、新製品がどれくらい市場に好感されたか、展開した店舗がどれくらい集客したか、ターゲットの設定がどれくらい適切であったかは、当期の売り上げや株価によってダイレクトに評点が下される。けれども、残念ながら四半期で適否が決まるような政策は国政については存在しない。いま政府が行おうとしている重要政策の適否が判明するのは、その政策が重要であればあるほど遠い未来になる。場合によっては、私たちの死後かも知れない。「政治にマーケットはない」というのはそういう意味である。採択された政策が「失敗」したとわかったときに、国民は「CEOを馘首する」というソリューションが採れない（たいていの場合、失政の張本人はとうに引退するか、死んでいる）。そのとき失政の後始末をするのは国民国家の成員たちしかいない。誰にも責任を押しつけることができない。祖先が犯した政策判断の失敗の「尻ぬぐい」は、その決定に参与しなかった自分たちがするしかない。そのような「負債」の引き受けを合理化する唯一の根拠が民主制である。

「国民」という想像の共同体

誤解している人が多いが、民主制は何か「よいこと」を効率的に適切に実現するための制度ではない。そうではなくて、「わるいこと」が起きた後に、国民たちが「この災厄を引き起こすような政策決定に自分は関与していない。だから、その責任を取る立場にもない」というようなことを言えないようにするための仕組みである。政策を決定したのは国民の総意であった。それゆえ国民はその成功の果実を享受する権利があり、同時にその失政の債務を支払う義務があるという考え方を基礎づけるための擬制が民主制である。

このためには、死者も、まだ生まれてこない者もフルメンバーとして含む、何百年もの寿命を持つ「国民」という想像の共同体を仮定せざるを得ない。その国民なるものが統治の主体であるという「物語」に、国民が総体として信用を供与するという手続きを践まざるを得ない。

これは株式会社とは最も縁遠い共同体理解である。株式会社は短命である。今年起業された株式会社のうち50年後にまだ存続しているものはおそらく1%以下であろう。だが、別に短命であることは株式会社にとって困ったことでも恥ずかしいことでもない。起業して1年目に会社ごと身売りしてキャピタルゲインで天文学的な個人資産を手に入れた経営者は、老舗の看板を細々と100年守っている小商いの経営者より高く評価される。株式会社は「当面の勝利」以上のものを望まない。どれほどの規模の経営破綻を来しても、株券が紙くずになるのが株式会社の取りうる責任のすべてである。倒産してそれで「終わり」である。倒産した企業の社会的責任を何十年何百年も追及し続けるというようなことは誰もしない。

しかし、国家はそうはゆかない。国政の舵取りに失敗すれば、その責任はその政策決定にまったく関与しなかった世代にまで及ぶ。日本のかつての被侵略国に対する戦争責任は戦後70年を経ても追及が終わらない。「もういい加減にしろ」といくら大声でどなっても、「じゃあ、もう追及するのは止めます」と隣国の人々が言ってくれるということは絶対に起こらない。「日本人は戦争責任への反省がない。決して許すまい」という相手のネガティブな心証形成が強化されるだけである。米軍はこのままおそらく未来永劫に日本の国土に駐留し続け、広大な土地を占有し続けるだろう。北方四島もロシアが占領し続けるだろう。国家の失政の責任は無限責任だからである。「70年も経ったのだから、もういいでしょう」と言っても、相手国が「そうですね」と引き下がることはない。彼らはみな「日本に貸しがある」と思っており、その貸しは「まだ完済されていない」と思っている。彼らがいつ「完済された」と思うようになるのか。それを決めるのは先方であって、われわれではない。無限責任とは「そういうこと」である。

しかし、今の為政者たちは、政策の適否は長い時間的スパンの中で検証されるものであって、自分たちが今犯した失政の「負債」は自分たちが死んだ後、まだ生まれていない何代もの世代に引き継がれることになるというふうには考えていない。彼らは自分たちの政策が歴史的にどう検証されるかということには何の興味も持っていない。彼らが興味を持つのは「当面の政局」だけである。政治家であれば「次の選挙」である。「次の選挙」がビジネスマンにとっての「マーケット」を代用する。「マーケットは間違えない」のであれば、次の選挙で当選すれば、彼らが採択した政策の適否についての歴史的判断はすでに下ったということになる。歴史的判断は選挙によって国民がすでに下したのであるから、彼らが表舞台から退場したあと、彼らが死んだあとになって、彼らの下した政策判断がどういう結果をもたらしたか、そんなことには何の意味もない。政治家が「文句があれば次の選挙で落とせばいい」とか「みそぎは済んだ」というような言い回しを好むのは、直近の選挙結果が政策の適否を判定する最終審級であり、歴史的な審判などというものは考慮するに及ばないと彼らが本気で信じているからである。

反知性主義の本質

私は先に反知性主義の際立った特徴はその「狭さ」、その無時間性にあると書いた。私がこの小論で述べようとしたことは、そこに尽くされる。長い時間の流れの中におのれを位置づけるために想像力を行使することへの忌避、同一的なものの反復によって時間の流れそのものを押しとどめようとする努力、それが反知性主義の本質である。

反知性主義者たちもまたシンプルな法則によって万象を説明し、世界を一望のうちに俯瞰したいと願う知的渇望に駆り立てられている。それがついに反知性主義に堕すのは、彼らがいまの自分のいるこの視点から「一望俯瞰すること」に固執し、自分の視点そのものを「ここではない場所」に導くために何をすべきかを問わないからである。「ここではない場所」「いまではない時間」という言葉を知らないからである。

最後にレヴィナスの『全体性と無限』の冒頭の言葉を記して筆を擱くことにする。「形而上学」というレヴィナスの言葉を「知性」に置き換えて読んで頂ければ、私の言いたいことがこのわずか数行に尽くされていることがおわかりになるだろう。

形而上学は「ここではない場所」、「別の仕方で」、「他なるもの」に向かう。思想史の中で形而上学はさまざまな形態をまとってきたが、最も一般的なかたちとしては、形而上学は私たちにとって親しみ深いこの世界（……）から、私たちの棲み着いている「私の家」から、見知らぬ自己の外、ある彼方へと向かう運動として現われるのである。

（Emmanuel Lévinas, *Totalité et Infini*, Martinus Nijhof, 1971, p.21）

反知性主義、その世界的文脈と日本的特徴

白井聡

白井聡（しらい・さとし）

1977年、東京都生まれ。一橋大学大学院社会学研究科博士後期課程単位修得退学。博士（社会学）。専門は、政治学・社会思想。日本学術振興会特別研究員、早稲田大学非常勤講師、文化学園大学服装学部服装社会学科助教等を経て、現在、京都精華大学人文学部総合人文学科専任教員。著書に『未完のレーニン』（講談社選書メチエ）、『「物質」の蜂起をめざして』（作品社）など。2013年『永続敗戦論』（太田出版）で第4回いける本大賞、第35回石橋湛山賞、第12回角川財団学芸賞を受賞。

国家は、道化芝居の種にされるにしては、重大きわまるものだ。愚物だらけの船は、しばらく風のまにまに漂流させておいたらよいだろう。それでもその船は、自己の運命に向かって流れてゆく――愚物どもはそう思っていないが、いないからこそ、かえってそうなってしまう。

（カール・マルクス「ルーゲへの手紙」、1843年）

0. はじめに

今日の日本社会で反知性主義が跋扈（ばっこ）していることについて、本書の読者はほぼ異論がないであろう。本稿では、なぜそうした事態が生じているのかを現代社会の構造的状況のうちに根拠づける。

そこにはおおよそ二つの文脈がある。ひとつには、ポストフォーディズムあるいはネオリベラリズムと呼ばれる、1980年代あたりから世界的に顕在化した資本主義の新段階において、反知性主義の風潮は民主制の基本的モードとならざるを得ない、という事情である。言うなれば、これは新しい階級政治の状況である。

いまひとつには、制度的学問がそれに棹差しているところの「人間の死滅」という状況が挙げられる。社会の世俗化によって解放された近代性の発展は、世界の中心を神から人へと移すこと、つまり広義のヒューマニズムの原理の確立を伴っていた。それゆえ、近代の学問は、「人間性の完成」という理念を、相当に形骸化したものに堕していたとしても、掲げてきた。人間の知性の限りない発展は、統制的理念としてではあれ人間性の最高度の発展を実現するという究極目標を持ち、学問の発展はそれに貢献するものとみなされてきた。しかし、いまわれわれが諸学問において目撃するのは、こうした理念の死滅である。つまり、高度な知性と豊かな内面性を持った人間という理想像は、いまや建前としても消滅した。「人間は死んだ」のである。ポストモダニストは、かつて近代的人間像を否定し、「人間の死」を言祝いだが、彼らの夢は実現した。ただし悪夢として。

いま簡単に述べた反知性主義の土壌となる文脈は、世界共通のものである。つまり、現代はほとんど世界的に「反知性主義の時代」なのである。本稿では、これを踏まえたうえで、反知性主義の日本に特有な文脈を考察する。今日貴賤都鄙を問わず繰り広げられている反知性主義の無残な光景は、先に述べた二つの世界的文脈と日本の伝統的（?）文脈が重なり合って出現したものであるととらえられよう。こうした現実とその由って来る起源を見据えたうえで、泥沼から抜け出すための道筋を探る。

1. 反知性主義の定義と一般的特徴

議論を始めるにあたり、「反知性主義」の定義を簡潔に下しておきたい。リチャード・

ホーフスタッターによる古典的名著『アメリカの反知性主義』によれば、反知性主義とは「知的な生き方およびそれを代表するとされる人びとにたいする憤りと疑惑」であり、「そのような生き方の価値をつねに極小化しようとする傾向」と定義される。[*1] 私はこの一般的な定義に同意するが、ここでポイントとなっているのは、反知性主義は積極的に攻撃的な原理であるということだ。すなわち、それは知的な事柄に対して無関心であったり、知性が不在であったりするということ、言い換えれば、非知性的であることとは異なるのである。知的な事柄に対して単に無関心なのではなく、知性の本質的な意味での働きに対して侮蔑的で攻撃的な態度を取ることに、反知性主義の核心は見出される。

またそれは、学歴とも基本的に関係がない。高学歴者にも反知性主義者はいる。代表例を挙げよう。内閣総理大臣補佐官を務める礒崎陽輔（いそざきようすけ）参議院議員（自民党）は、「時々、憲法改正草案に対して、『立憲主義』を理解していないという意味不明の批判を頂きます」、「そんな言葉は聞いたことがありません」とツイッター上で発言し、大いに話題となった。この人物の最終学歴は、東京大学法学部卒である。法学部の卒業者が「立憲主義なんて聞いたことがない」というのは、譬えるなら、英文学科の卒業者が「シェイクスピアなんて聞いたことが

＊1　リチャード・ホーフスタッター『アメリカの反知性主義』田村哲夫訳、みすず書房、2003年、6頁。

ない」と発言するに等しかろう。

高学歴者は一般に、少なくとも知性のある部分は発達している。いわゆる頭の回転の速さや知識量は標準レベルを超えており、またそれらを鍛える機会にも相対的に恵まれているだろう。礒崎にしても、彼が「立憲主義」という言葉を見たことも聞いたこともなかった（そのような機会に恵まれなかった）ということは、まず考えられない。だから、礒崎がこうした発言によって曝け出したのは、「自分が興味がなく知らないことは知るに値しない」という精神態度にほかならない。己の知の限定性を知る（ソクラテスの無知の知）ことこそが知的態度の原型だとすれば、この態度は知的態度の対極に位置するものとみなしうる。

ホーフスタッターの古典は、歴史研究であったのと同時に、マッカーシズムにおいてその病巣を露呈させたアメリカのデモクラシーに対する分析でもあった。つまり、反知性主義は、政治の重要なファクターである。反知性主義の類似物として、「パンとサーカス」の標語に象徴される愚民化政策というものが古代からある。為政者が、大衆が持つ知性への憎悪を操作・利用して動員し、それによって政敵を武装解除するというようなことは、歴史上無数に繰り返されてきたに違いない。

ただし、大衆民主主義の時代が到来することによって、反知性主義は、大衆の恒常的エートスとなる可能性が現れる。すなわち、この世の中には「知性の不平等」がつねに存在し、この不平等はより実際的な富や権力の不平等に関連する。前近代の身分制社会においては、この格差は「生まれながらのもの」として正当化され、低位に位置づけられた層は、納得しない少数の例外者を除いて、「分を弁える」ことになる。これに対して、万人が同等の権利を持つ、したがって同等の発言権を持つという前提に立つ民主制においては、現実に存在する「知性の不平等」とそれに関連する「現実的不平等」は、度し難い不正としてつねに現れ、不満の種とならざるを得なくなる。

そこに現れるのは、ルサンチマンの情念が猛威を振るう世界にほかならない。「○○が私よりも富んでいるのは、○○が不正を働いているからだ」という思考回路が強力なものとなる。無論、現実にこの考えが正しい場合もある。これがルサンチマンになるのは、「○○が私より優れているから」という可能性があらかじめ排除されている場合である。現実にある差異を否認することによって、卓越者を悪党に仕立て上げてしまう。かかる思考回路の前景化こそ、「自由で平等な人間」という近代原理の陰画であり、かつてニーチェやオルテガが大衆社会の悪夢として警鐘を鳴らした事態であった。

そして、富や社会的地位の場合と同様に、真正の知的精神や態度も、単なる気取りや見掛け倒しにすぎないのではないかという疑惑から、決して逃れられなくなる。「○○が私より知的に見えるのは、知的なふりをしているからである」という思考において、「○○が私より知的に優れているから」という可能性が、あらかじめ排除される。そして、客観的事実に促されて「○○」の知的優位を「私」が認めざるを得なくなったとき、それでもなお「平等」を維持するためには、「知的な事柄全般が本当は役に立たない余計なものにすぎない」という発想が出てくる。これはまさに、反知性主義のテーゼである。

かくして、大衆民主主義社会では、反知性主義の心情が社会の潜在的な主調低音となる。そうである以上、政治権力は、愚民化政策を行なう権力と同様にこの心情を権力資源として取り込みつつ、かつそれが圧倒的な覇権を握ることを防ぐという微妙な舵取りを迫られる。大衆民主主義は、その程度が進化すればするほど、反知性主義の危険性をそれだけ高めることになるという重大な困難を根源的に抱え込んでいるのである。そして、反知性主義が権力者層による統制を超えて爆発的に噴出するとき、マッカーシズムや、文化大革命やポルポト派による知識人弾圧といった破局的事態が引き起こされることとなる。そして、現代日本の反知性主義においては、先の礒崎陽輔の例に現れているように、権力者が大衆の反知性主義を自らの権力強化のために利用するという愚民化政策的次元を超えて、反知性主義的エートスが権力層自体にまで浸透していることが、その特徴の一つに数えられるであろう。

2．現代の反知性主義の文脈Ⅰ

近代の大衆民主主義の一般的特徴づけを踏まえたうえで、現代の反知性主義がどのような文脈によって活気づけられているのかを見ていこう。第一の文脈は、資本主義のネオリベラリズム化、あるいはポストフォーディズム化である。これによって、総中流社会状況が崩壊し新しい階級社会が出現するなかで、反知性主義が社会の潜在的主調低音から基本エートスへと転化する可能性が生まれる。このプロセスは日本できわめて明白に観察しうる。なぜなら、日本は戦後のフォーディズム的な資本主義の世界的発展が最も成功した国であり、それゆえに他の自由主義諸国と比べても一層均質な総中流社会が成立し、言い換えれば階級社会の解体が最も成功裏に進んだ社会を持つがゆえに、再階級社会化に伴う副作用としての反知性主義は劇的な形で跋扈していると考えられるからである。

今日のトマ・ピケティ『21世紀の資本』ブームを俟つまでもなく、資本主義のネオリベ化は格差と貧困の問題を再燃させる。フォーディズムに基づく資本主義の発展は、先進諸国で貧困問題をほとんど片づけるという大事業を成し遂げたわけだが、この解決済みだったはずの問題がネオリベ化によって再び現れるのである。だが、この再階級社会化は、フォーディズム以前の資本制社会、すなわち19世紀的な階級社会への単純な復帰ではない。つまり、階級格差が再び大幅に拡がるとき、人々の行動様式は単純にかつての階級社会（＝フォーディズム以前の資本制社会）におけるそれを反復するのではないのである。この事実に注目する言説が、今日の日本には多数出現している。「下流社会」（三浦展）、「B層」（適菜収）、「ヤンキー化」（斎藤環）といった概念がそれである。「下流」も「B層」も「ヤンキー」も、いずれも意識やハビトゥスの観点から分節化された階級を指し示す概念にほかならない。これらの新しい階級は、総中流社会が崩壊し、ネオリベラリズムの浸透によって再編成された社会に出現した存在である。

注目すべきは、これらの「新しい下層階級」は、格差拡大が進行するなかでの低所得者階級と直接には一致していない、ということである。言い換えれば、これらの言説において、「下流」であれ「B層」であれ、低所得者層とは同一視されていない。つまり、収入が比較的高い人間が「下流」ないし「B層」に属するということがありうるし、その逆もありうるのであって、この点に新しい階級社会の状況が典型的に現れている。これらの新しい階級は、かつての比較的明確に位置づけ可能だった経済的カテゴリーではなく、経済的格差に関係するとはいえ、主としてハビトゥスによって、日常的な実践の様式によって規定される文化的カテゴリーである。ゆえに、これから見るように、反知性主義は、新しい階級社会における、言うなれば「階級文化」の一構成要素としてある。

それがデモクラシーに与えるインパクトはどのようなものであるのか。ここでは、適菜収による「B層」論を素材に考察してみよう。

迂闊で知性を欠いた人々

適菜が着目する「B層」の概念は、適菜自身が考え出したものではない。それは、もともとは、2005年の小泉郵政解散の総選挙をめぐって出てきた。すなわち、自民党から選挙戦略の構築を依頼された広告会社（スリード社）が作成したレポートに登場し、当該レポートが外部流出したことで表沙汰になった言葉である。そのレポートは、国民の階層をA～D層に分類し、B層を「構造改革に肯定的でかつIQが低い層」、「具体的なことはよくわからないが小泉純一郎のキャラクターを支持する層」と規定している。適菜はこれをまとめて、B層とは「マスコミ報道に流されやすい『比較的』IQ（知能指数）が低い人たち」と定義している。[*2] つまり、マスコミ報道が、グローバル化や規制緩和――すなわち、ネオリベラリズム政策の推進――が良いものだと喧伝すれば、それを鵜呑みにしてよく分かりもしないのに「賛成！」と叫ぶ迂闊で知性を欠いた人々である。小泉自民党は、これを支持基盤とする綿密な戦略を立て、総選挙における大勝利を手に入れた。

ちなみに、スリード社のレポートは、B層以外の階層を次のように定義している。A層＝構造改革に肯定的でかつIQが高い。C層＝構造改革に否定的でかつIQが高い。D層＝構造改革に否定的でかつIQが低い。つまり、A層は、ネオリベ化、グローバル化の促進によって恩恵を受けている少数の「勝ち組」的エリート層である。C層は、ネオリベ化、グローバル化の促進によるデメリットに対して敏感であり、それらを一層推し進めることに対して知的に裏づけられた反対の意見を持っている。ゆえに、この集団は「構造改革抵抗守旧

*2　適菜収『日本をダメにしたB層の研究』、講談社、2012年、46頁。

派」と規定されている。最後に、D層について、レポートは「既に（失業等の痛みにより）構造改革に恐怖を覚えている層」として規定しているが、この層は打ちひしがれて政治や社会への興味を失い、選挙などには参加しそうにない（つまり、選挙マーケティングの対象としては無意味な）層であるとみなしうるかもしれない。

右のような分類の仕方を目にするとき、不快感を催す人も少なくないであろう。しかし、おそらくこの分類には何がしかの真実が含まれているに違いない。なぜなら、現にこの分類を活用することによって、小泉自民党は選挙で大成功を収めたからである。彼らは、有権者の最大のボリュームゾーンはB層であると見抜き、その事実に即したメディア戦略を立て（具体的にはテレビのワイドショーの重視）、実行した。つまり、この分類には、総中流社会が崩壊した後の新しい階級社会の有り様が、それなりの精確さを持って映し出されているのである。

反知性主義的な階層

当時小泉政権のこうした戦略は「ポピュリズム」であると論評されていたが、この用語は非常に多義的であるために、現象の本質を摑むためには十分でない。今日、小泉旋風から十年余りが経ってはっきりと表面化してきたのは、この戦略に含まれていた新しい階級社会状況と、そうした社会のなかでのデモクラシーの質的変容、そしてその基底となっている反知性主義という問題である。小泉政権は、総中流社会が崩壊した後の新しい階級社会で最大のボリュームゾーンを占める階層はB層であると同定し、それに狙いを定めた。そして、このB層は、まさに反知性主義的な階層として規定されている。政治がこのようにあからさまに反知性主義に自らの権力基盤を見定めたことの意味が、考えられなければならない。

第一に指摘されなければならないのは、自民党が階級政党へと変貌したというドラスティックな変化である。すなわち、かつての自民党は、さまざまな社会階層の人々を過不足なく代表する国民政党であると標榜してきた——たとえそれがかなりの程度建前であったとしても。いわば「みんな」の利害を代表してきた政党が、特定の階層に支持基盤を見定める党へと変身したのである。実に、小泉首相のキャッチフレーズ、「改革なくして成長なし」は、戦後保守政治の決定的な変質を内包する言葉であった。つまり、成長の復活ないし持続は、「みんな」の利害を実現するという方針の放棄と引き替えにしなければ得られないものであることが告げられていたのであった。バブル崩壊以降、ケインズ主義政策はもはや効果を失い、ネオリベ化・グローバル化の進行とともに、戦後の経済発展が実現した総中流社会が崩壊へと突き進んできたわけだが、政治がその流れを食い止めようとはもはやしないのだ。だが、そのような姿勢をいかにして国民の多数派に支持させるのか。そこで、反知性主義に貫かれた階級政治の手管が要請されるのである。

次に指摘されなければならないのは、深いシニシズムがデモクラシーの基盤に据えられるという事実である。いまや政治が「みんな」の利害を代表することが構造的に不可能であるのなら、グローバル化の促進が自らの階級的利益に反することを理解できないオツムの弱い連中をだまくらかして支持させればよいではないか。このシニシズムが小泉自民党の赤裸々な本音だっただろう。こうした変化は、被治者と治者とがお互いに対して抱く感情の基礎が、「信頼と敬意」から「軽信と侮蔑」に転換したことを意味しもする。すなわち、かつては被治者は治者を信頼して権力を預ける一方、治者は被治者に対する敬意を持って統治権を行使するという了解があった。こうした相互のエートスは現実と乖離した理想ではあったが、少なくともそうした建前を維持することが求められていた。今日、安倍政権支持者に典型的に見て取れる態度は、合理的な信頼ではなく軽信・盲信であり、それは当然崇拝に接近する。他方、治者の側は、被治者を自分で自分の首を進んで絞める愚昧な群衆として扱い、そこからたっぷり搾り取ろうというスタンスに変化する。本年1月に、ある国会議員が、軽自動車税の大幅アップに関して、「(軽自動車は)田舎の貧乏人が乗る」と放言して物議を醸したが、こうした発言には、現代の政治家の本音の姿勢が如実に表われている。支持の見返りとして用意されているのは安手のナショナリズムであるが、これを盛り上げるためにかかるコストは実質的な社会保障政策などよりもはるかに低いであろうから、コストパフォーマンスに優れた政策である。

国家と啓蒙主義の根本的分離

かくして、深いシニシズムこそ、中流階級が没落するネオリベ・デモクラシー体制の基本エートスとなる。指摘すべきは、反知性主義への傾倒はここでは支配体制にとって不可欠な要素となることである。無論、いつの時代にも愚民化政策的な要素が政治には含まれている。しかし、近代化が開始して以降、愚民化政策を全面化することは、統治者にとって権力基盤を強固にすることに役立つ魅力的なオプションであっても、基本的には選択できないものであった。なぜなら、開放系である（鎖国政策は採れない）近代世界において、国民の全般的な知的水準が崩壊的に低落してしまうならば、長期的にはその国は立ち行かなくなる――究極的にはその国家そのものが消滅しかねない――ことが明白だからである。ゆえに、近代国家は、諸々のイデオロギー的抑制は行ないつつも、国民の知的水準の向上という事業に多大の資源を投じてきた。普遍的な公教育・学制の実現などがその代表である。つまり、近代国家は、時に反知性主義に傾斜することはあるとしても、基本的には啓蒙主義者であることを強制されてきた。アントニオ・ネグリなどが度々指摘するように、人間的諸能力の出来る限りの発展を促しつつ、それらの能力を一定の枠組みのなかに収めなければならないという矛盾を、近代の権力は宿命的に抱え込んできたのであった。

だが、今日始まりつつあるのは、国家と啓蒙主義の根本的分離である。グローバル化が十分に進行すれば、国内で知的人材を自給できなくても少しも問題ではなくなる。「グローバル人材」を輸入すればよいだけである。ここにおいて、国家が普遍的啓蒙という近代の「未完のプロジェクト」（ハーバーマス）を放棄することが可能となる。もっと言えば、反知性主義を首尾よく機能させるためには、それは積極的に破壊しなければならない理念となる。

以上のような現象が、小泉政権から安倍政権に至る現代日本だけに見出される現象ではないことは、言うまでもあるまい。ただしそれは、1980年頃からネオリベラリズムの攻勢が強力になるや否や即座に全面化したわけではない。ポストフォーディズム時代の新しい資本主義社会（すなわち、労働者階級にも高度な「コミュニケーション能力」が要求される「認知資本主義」社会）に対応する人材育成のためには、新しい教育プログラムの確立とそれへの投資が重要であることが欧米でしきりと強調されたのは、1990年代のことであった。その代表的な論客は、ロバート・ライシュ（米）やアンソニー・ギデンズ（英）である。現代の第一級の知識人である彼らの主張は、大衆教育のプロジェクトの大々的な再編を企図するものであったが、それぞれクリントン政権・ブレア政権において教育・労働政策の根本ドクトリンとなった。

だが、彼らの主導した「第三の道」路線の歴史的評価はまだ定まっていないし、この路線が近代の啓蒙主義の継承者であったとみなしうるか否かは議論の余地が多いものの、確実に言えるのは、こうした模索の後、反知性主義が猛威を振るい始めたことである。すなわち、クリントン政権の次のブッシュ・ジュニア政権当時における反知性主義の噴出である。この場合、反テロ戦争の文脈で、反知性主義はキリスト教原理主義とナショナリズムの結合体として現れた。その真の成果は、ネオリベラリズムの一層の促進、「1%による99%の支配」の確立にほかならず、「第三の道」が称揚したポストフォーディズム的啓蒙主義は後景に消え去ってゆく。

かくして、Stay hungry, Stay foolish! というスティーブ・ジョブズの名文句は、世界的スローガン、時代精神となった。そもそもはスタンフォード大学の卒業式という文脈で発せられたこの言葉が、文脈を変えて、例えば貧民街で発せられるならば、それを発する人物は命知らずと言うべきであろう。そして、世界の多くの部分が貧民街化しつつあるにもかかわらず、この言葉が、偉大な、つまり普遍的な教えとして流通するという事態は異様であり、それ自体見事なまでに反知性的である。だが、そうであるがゆえに、この言葉はおそろしく的確なのであり、時代精神を体現するものと見なされるにふさわしいのだ。つまり、1%のグローバル・エリートにとって、この言葉は、「際限なく貪欲に富を追求せよ、そのためにはクレイジーなアイディアを次々と脳内に湧き出させろ!」という内容を意味し、その他大勢に対しては「おバカなまま、飢えていろ!」ということにほかなるまい。

3. 現代の反知性主義の文脈Ⅱ

右に見てきたように、現代デモクラシーは再階級社会化した新しい階級構造における「下流」「B層」「ヤンキー」に大っぴらに依拠するようになった。これらの新しい階級は、いずれもスペクタクルの消費者、反知性的存在として措定されている。こうした傾向は、資本主義のネオリベ化の結果であり、またそれを促進する。政治権力にとっては、彼らは最も重要な票田となり、経済権力にとっては、最も重要な購買層となる。これらの「階級社会の言語」が盛んに飛び交うようになったのは、「階級を摑む」ことが政治にしろビジネスにしろ火急の課題になっているからである。

他方、こうしたネオリベ化の進行のなかでの反知性主義（啓蒙主義の物語の放棄）の跳梁（ちょうりょう）は、「人間像」を、言い換えれば「人間とは何か」に関してわれわれが抱くイメージを、確実に変化させてきている。あるいは、逆に言えば、「人間とは何か」に関するわれわれのイメージが根本的に変化したからこそ、反知性主義が広範に蔓延する状態がもたらされている。こうした状況の総体が「ネオリベ的文化状況」とでも名づけられうるものとして現れることとなる。先に指摘したように、反知性主義がデモクラシーの基盤化することと並行して啓蒙主義のプロジェクトが半ば公然と捨て去られるわけであるが、こうした過程は、「知の制度」であり、従来的には啓蒙主義の砦として位置づけられてきた大学の学問領域においてこそ明瞭に観察されうる。かつてアドルノ＝ホルクハイマーが警鐘を鳴らした「道具的理性による自然支配の進行＝近代的な野蛮」（『啓蒙の弁証法』）という事態が、一切の束縛から解放されて全面化へと向かいつつある。

大学の変質、学問の変質という主題について観察される事象はあまりに膨大であり、多面的に論じることはここではできないので、少数の現象に簡潔に触れてみることができるにすぎない。学問における啓蒙主義の公然たる放棄は、直接には、学問に課せられた「人間性の完成」という理念をアカデミアから追放することを意味する。無論、そうした理念など、とうの昔に形骸化しており建前にすぎなくなっていたと指摘することは可能である。19世紀の末においてすでに、自然支配に役立つ技術的な学と啓蒙主義以来の理念を保持している学との解消困難な分離が、哲学者のあいだで痛切に意識されていた。その時代から百年余りの間、それでも啓蒙主義のプロジェクトを公然と否定することは憚られてきた。しかし、代表制民主主義が、治者が被治者に敬意を持ち、被治者が治者を信頼するという理想を半ば公然と捨て去ったとき民主制が衆愚制を基本モードとする状態に落ち込んでゆくのと同様に、学問の制度が「綺麗事」から解放されたとき、その中身は必然的に変化することとなる。

そうした変化は、例えば人文主義的学問伝統に対する抑圧として現れる。人間性の完成などもはや誰も目指さないのであれば、人間性を主題とするような学問諸分野は大学運営における単なるお荷物とされ、規模の縮小、研究教育スタッフの削減、最終的には部門の廃止が行なわれる。「人間とは何か」を問う学問の代わりに「人間の死」を事実上の——当事者たちはそれに無自覚なまま——前提とした学問が知の制度の中心を占めることになる。

こうした動向は今日の大学においてどのようなセクションでも目につく事態なのだが、ここでは精神医学や臨床心理学といった学問領域を例として考えてみよう。おそらくこの分野は、「人間の死」が最も劇的な形で観察されうる場所ではないだろうか。それは、フロイト主義ないし精神分析学一般の地位低下として、場合によっては精神分析への敵意として現れている。

「精神」という概念の排除

このような現象の出現を促した要因は、さしあたっては脳生理学の発展と薬の進化に見定められよう。心的機能の不調は、直接の因果論的には、特定の脳内物質の分泌や反対に分泌すべきものが分泌されないことに帰すことができる。ゆえに、症状が発生したとき、その症状の直接原因となっている物質を止めたり、あるいはしかるべき物質を分泌させるよう脳内の過程に介入することができれば、さしあたり症状を和らげたり解消したりすることはできる。その際の最も簡便な手段は、投薬であろう。無論、患者を症状による苦しみから救い出すことにおいて、脳内物質の分泌に介入する投薬という唯物論的手段は役に立つ。患者を苦しみから救い出すことは、医療関係者の義務であろう。

しかし、そうした義務を実行しなければならないからといって、投薬という手段を万能視しなければならないということにはならない。投薬することと、その手段を万能視することは、本来全く別の事柄である。心の問題に対する投薬による介入は、人間性に関する一切の観念を排しても何ら問題なく行ないうる。なぜなら、ここで問題になっているのは、脳内で特定の物質が分泌したりしなかったりすることのみであるからだ。要するに、この唯物論的手段は、「精神」という概念を一切排除することができる。事実として、「精神」ないし「心」というものは、物理的には存在しない。人類が「精神」や「心」という言葉で呼び習わしてきたものは、脳細胞と脳細胞間の電気信号といったものに物理的には還元可能であり、投薬行為にとって問題となるのはこうした物理的過程のみである。

重要なのは、投薬の有効性を高め、これを治療に積極的に用いるべきだという要請は、「精神」「心」「人間性」の概念をお払い箱にしなければならないことを自動的に意味するわけでは本来ないことだ。二つの事柄が別であることは繰り返し強調されなければならない。しかし現実には、投薬による治療の高度化はその万能視につながりがちであると推察される。「心」に介入する他の方法がすべて無用視され、診療治療の実践のなかで「精神」「心」が純然たる物理的過程としてのみとらえられるなら、そのとき「精神」「心」「人間性」といった概念は現に存在しなくなる。[*3]

そして、こうした投薬の万能視は、認知行動療法の覇権の確立と一体的に進行しているように見える。ラカン派精神分析家の立木康介は、著書『露出せよ、と現代文明は言う』において認知行動療法を「精神療法界の『ファストフード』にほかならない」と述べている。[*4] それは、治す側も治される側もその行動が徹底的にマニュアル化された――それゆえ効率が良い――実践であり、個々の人間の背負った来歴、固有の経験の意味を完全に排除する。認知行動療法を十全なものとして顕揚する立場からすれば、フロイトを始祖とする精神分析学は、無用の長物である。もっと言えば、それは無用であるばかりか、医療制度におけるパイを取り合うライバル、滅ぼすべき敵として認定される。

ポスト啓蒙主義時代の申し子

だが、両者の対立の根源は、本質的には利害関係よりももっと深いところ、両者の人間観の差異にある。認知行動療法の人間観、すなわちその実践が事実上前提している人間は、伝統的な意味では人間と呼べるものではなく、人間なのか動物なのかよくわからない何かである。というのは、啓蒙主義的思考伝統が想定してきた人間性なるものが、ひとりひとりの精神の固有性とその内的発展、そしてその総和としての人類全体での人間性の完全な実現という理念と結びついていたのだとすれば、認知行動療法はそのような人間観から離脱していると考えられるからである。認知行動療法にとっての問題は、投薬行為と同じく脳内の物理的過程に介入することであり、各個人の代替不可能な経験によって形成されるものとしての人間的精神には無関係である。それは、何らの総合的・全体的な人間観なしに機能しうる。

これに対して、フロイト的伝統は、究極的には啓蒙主義の思想伝統に属する。「人間とはリビドーに貫かれた無意識に引き廻される存在である」というフロイトの根本思想が、啓蒙主義思想に見掛け上対立し、その人間観が人間性の進歩についての楽天的ヴィジョンを否定する側面を含むものだったとしても、彼の思考はあくまで人間の全体性を把握することに常に向けられていた。それゆえに、精神分析は精神医学の領域を越えた広い思想的および文化的インパクトを持ち得たのであった。

そして、精神分析学への逆風は、その啓蒙主義を基礎とする人間観が今日の社会情勢に対して適さなくなった、もっと言えば逆立するものとなったことに、おそらくは求められるだろう。逆に、認知行動療法的なものが主流派となったのは、それが旧来の「人間性」の概念

＊3 こうした現象は、逆に「心」や「精神」と呼ばれてきたものが、本当は何であったのかを明らかにしもする。物理的次元において、それらは存在しない。人間の心臓や脳髄を解剖してもそこに「心」が見つからないのと同じく、電気信号は「心」ではない。物理的次元をどれほどくまなく探しても「心」「精神」が見つからないということは、これらが存在しないということを意味するのではなく、これらが非物理的な実在性を持つ、ということである。この特殊な実在性は、物理的に実在するものの間の関係性において見出されるべきであろうが、ここではこの主題にこれ以上立ち入ることはできない。

＊4 立木康介『露出せよ、と現代文明は言う――「心の闇」の喪失と精神分析』、河出書房新社、2013年、264頁。

を葬り去るほどの強力な知的インパクトを持っているからではない。そうではなく、今日の社会構造、そのなかを生きる「新しい主体」が、認知行動療法が想定する人間像に、正確に言えば、俗流唯物論的に物質に還元された非 - 人間の像に、現に合致するものであるからだ。言い換えれば、認知行動療法は、普遍的啓蒙のプロジェクトが放棄されたポスト啓蒙主義時代の申し子にほかならず、それはそのような新しい社会構造から生まれ、その構造を強化する。「精神」を想定できない非 - 人間に対して精神を想定しない療法体系が適合するのは、自然なことである。

「抑圧」から「否認」へ

先に引いた立木の著書は、今日出現した新しい主体、精神なき主体の様相を精神分析を擁護する立場から描き出して余すところがないが、こうした「新しい人間」は、現代の反知性主義の担い手であると推論しうる。ラカン派の議論を紹介しつつ、立木は、新しい主体の在り方の核心には「否認」があると述べている。精神分析学における「否認」とは、簡単に言えば、心の防衛機制の一つであり、外界の苦痛や不安な事実をありのままに認知するのを避ける自我の働きを指す。「抑圧」との違いは、「抑圧」において「抑圧されたもの」が無意識の領域へと追いやられて意識的に想起できないのに対して、「否認」においては、現実を認めてしまうことで喚起される不安を回避するために、現実の一部または全部を、それを現実として認知することを拒絶するところにある。「わかっちゃいるけど、やめられない」(植木等)という名文句があるが、これは「否認」の心理状態を唄ったものと言える。このように歌にされるほど「否認」はわれわれわれの個人の心的生活においてありふれたものである一方、それが昂じた時には当然大きな問題が発生する。代表的には諸々の依存症であり、依存症患者は、自らが依存症であることを、あるいは依存症に陥ってしまった原因(例えば、家族内の人間関係)の存在を「否認」する。

主体の基本的モードが「抑圧」から「否認」へと移り変わることには、人間像のトータルな変化が含まれている。フロイトの措定した近代的人間像が、「抑圧」をベースとしていた、すなわち、エディプス・コンプレクスによって自らの原初的欲望を「抑圧」した後、「抑圧されたものの回帰」と折り合いをつけることによって主体化するという基本的な精神発達史の物語を背負っていたのに対して、「否認」をその心的生活の基礎に置いたポスト啓蒙主義時代の主体は、このような主体化のドラマを持たず、母子一体の段階において経験される(そしてやがて失われるはずの)幼児的万能感を手放そうとしない、と立木は言う。それは、どのような主体であり、具体的行為としては何をするのか。

そうした主体は、目下流行している言説に同調し、自分の歴史=物語をもたない。いいかえれば、過去や祖先や系譜にたいして引き受けるべき負債(ラカンの言う「象徴的負債」）をもたない。ネオ主体はだから、なんでも自分を基準に選びたがる。たとえば、自分の子供にオリジナルな名前、たとえば花やクルマの名前をつけることをためらわない（我が国でいわゆるキラキラネームが流行る一因もこれだ）[*5]。

ここで語られている「ネオ主体」の姿が、今日歴史修正主義的欲望を噴出させている人々のそれに重なるのは偶然ではあるまい。無暗矢鱈と「愛国」が振りかざされているにもかかわらず、そこには伝統への真剣な参与や歴史への奥行きのある思い入れも徹底して欠けている。それらの代わりに彼らは、「自分を基準に選んだ」都合の良い歴史の語りを好む。彼らは、自分たちの歴史における不都合ないし不名誉な要素を認めてそれを乗り越えるという苦行に一切耐えられない。つまり、ここにおいて、ナショナリズムの心情は、あけすけな自己肯定のための、幼児的万能感を維持するためのネタとして利用されているにすぎない。立木は続いて、新しい主体が「感覚の論理」に従属していると指摘する。

これらの主体は「イマージュ」（画像、映像）、それも「その向こうに何もないイマージュ」に耽溺する。つねに現前し、飽和するイマージュから、彼らは離れられない。（……）ネオ主体が透明性を追い求め、そうでないものを目の敵にするのも、同じ傾向に由来する。少しでも分からない表現、かみ合わない会話、あるいは、より一般的に、

「言葉と物の適合の不在」に、彼らは堪えることができない。(……)「デジタルな理解」に余るものは、すべてネオ主体の敵なのだ――あたかも、瞬時に感覚で捉えられるものだけが、彼らにとって存在を許されているとでもいうかのように。(……)ネオ主体の特徴は、他にも枚挙にいとまがないが、それらのすべてに通底するのが「否認」であることにかわりはない。これらの特徴の核にあるのは、あの「幼児的万能感」の喪失の拒否、いいかえれば、享楽の断念の拒否にほかならない。[*6]

ここでのポイントは、「否認」を受けるのは「否定的なもの」であるということだ。「万能感の喪失」や「享楽の断念」、つまり「抑圧」的なものが拒否されるのである。確かにそれは、ポスト啓蒙主義の時代にふさわしい所作である。啓蒙主義と関連の深いものとして「教養主義」があるが、現代が否定するのはまさにこの教養主義的主体性にほかならない。教養主義的主体とは弁証法的主体であり、経験を通してそれまでの主体が否定されることでより高次の主体へと生成する、という所作を繰り返す。かかる運動は否定性を通じた生成であり、ヘーゲルが「否定的なもののもとへの滞留」、「死に耐えて死のなかに自己を支えそのなかに

＊5　同前、231頁。
＊6　同前、232頁。

留まる生こそが精神の生である」（『精神現象学』序論）と言ったものにほかならない。啓蒙主義の時代としての近代において、この運動が「人間性の本質」とみなされてきたのだとすれば、ヘーゲルの言う「精神」を持たない「ネオ主体」は、近代的な意味での「人間」ではない。精神分析学の今日の逆境に代表されるように、諸々の学の領域において近代的人間像が前提できなくなり、さりとて新しい人間像が理念として打ち出されることもないまま、否定性を否認する「ネオ主体」が、学の前提に、しばしばその自覚を欠いたまま導入されている。それはエピステーメーの大掛かりな変化にほかならない。

知性の反知性への反転

「否定的なものの否認」が大手を振っているのはもちろん精神医学においてのみではない。2008年にリーマン・ショックが発生した直後、英国のエリザベス女王はロンドン・スクール・オブ・エコノミクスを訪れて、素朴だがきわめて真っ当な質問を発した。「なぜ、危機が起きることを誰もわからなかったのですか」、と。

並み居る「一流の」経済専門家たちは、あろうことかこの質問に答えられず、時間を掛けて次のような回答をした。いわく、「実のところ、多くの人々が危機を予想しました。しかし、具体的にそれがどのような形で現れるか、いつ始まるか、またどのくらい深刻なものになるのかは、誰も予想できませんでした」。「警告にも関わらず、ほとんどの人は、銀行が自らの行動を弁えていると確信していました。彼らは、金融の魔法使いがリスク管理の新手の賢い方法を発見したものと信じました。なかには、リスクが一連の新規の金融商品に分散した結果、事実上消滅したのだ、と主張する者さえいました。（……）人々は、世界中から集められた才能から成る役員や上級管理者、および華々しい経歴を持つ社外取締役を抱えていた銀行を信用しました。誰も彼らが判断を間違えることや、彼らが自らの管理する組織のリスクを精査する能力がないとは、信じたくありませんでした。一世代丸ごとの銀行家や金融業者は、自分たち自身、および彼らを先進経済の先端を行く技術者だと見なした人たちを欺いたのです[*7]」。

ここにあるのが「否認」の心理であることは、一見して明らかだ。彼ら自身が、万事が上手くいっているかの如く見えたことが「否認の心理」(a psychology of denial) をつくり出したとさえ述べている。彼ら自身が認めているように、危機が表面化する以前にそれを警告する声は多数存在し、彼ら専門家がそれに気づかなかったはずはない。彼らは、それを知っていたが、同時にそれを認めなかった。

一体何がこのような状態を準備したのか。学者を含めた専門家たちがウォールストリート

＊7 British Academy Forum, 17 June 2009, The Global Financial Crisis - Why Didn't Anybody Notice? (http://wwwf.imperial.ac.uk/~bin06/M3A22/queen-lse.pdf)

やシティによって買収されていたからだ、という説明は間違っていないが不十分である。カネの誘惑のために真理を曲げたというだけの話ならば、事態はさして深刻ではない。そのような不正・不誠実は取り除きうるものだ。問題は、これらの専門家たちが「金融の魔法使いがリスク管理の新手の賢い方法を発見した」とか「リスクが一連の新規の金融商品に分散した結果、事実上消滅した」という命題をそれなりに本気で信じていた、言い換えれば、彼らはそれなりに知的に誠実だった、というところにある。実に、これらの馬鹿げた信念は、学問的に正当化されていたものにほかならず、彼らは「学的に論証された真理」に忠実たらんとしていたのである。つまり、専門家たちの金銭への欲望よりもっと深刻な次元として、制度に裏づけられた一つの学問分野が全体として「否認」に貫かれていた、すなわち経済学の（全部ではないにせよ）かなりの程度の部分が、「否認の体系」と化していた、という事情が指摘されなければならない。

ジョン・クイギンの著書、『ゾンビ経済学――死に損ないの5つの経済思想』は、その間の事情を明瞭簡潔に論じている。同著の内容に驚かされるのは、１９７０年代にケインズ主義が挫折し、ネオリベラリズムが席捲し始めて以降の経済学では、「資本主義は不景気という現象を終局的に退治した」（大中庸時代）、「バブルなるものは存在しない」（効率的市場仮説）といった命題が、「本気で」論じられていたという事情が描き出されているためである。「否認されるのは否定的なものである」というラカン＝立木の命題は、ここにぴたりと当てはまる。「不景気」や「バブル現象」といった資本主義にとっての「否定的なもの」は、認められながら認められない。それは、「歴史の終焉」以後の世界にとって認知的不協和をもたらすがゆえに、一つの学問分野のほぼ全体を挙げて否認されなければならなかったのである。われわれがここに見出すのは、知性（学問、この場合経済学）の反知性への反転にほかならない。

4．反知性主義の日本的特徴

さて、以上に検討してきたのは、今日の反知性主義を活気づけている、グローバル資本主義に規定された世界的な文脈であった。続いて、特殊日本的な文脈を検討してみたい。現今の政界を覆う反知性主義については、先ほど礒崎陽輔を代表例として取り上げたが、ここではもう一つ、今日の国政政治家の知的劣化とそのような劣化の温床となっている社会状況を象徴的に示す実例を挙げたい。

2010年の秋に、仙石由人官房長官（当時）による「自衛隊は暴力装置である」との発言をめぐって、「自衛隊員に対して失礼である」という類の批判が国会内外から噴出し、その尻馬に乗るかたちで「ヒゲの隊長」こと佐藤正久参議院議員（自民党）が「マックス・ウェーバーは左翼だ」[*8]という趣旨の発言をツイッター上で行なうという出来事があった。

蛇足ながら言えば、自衛隊のような軍隊や警察などの国家が有する実力組織を「暴力装置」と呼ぶのは、政治学や社会学では全く一般的な事柄である。ところが、日本の一部世論はこうした常識を理解できず、仙石への批判の声が相次いだ。これは、インターネットの普及による「集合知」ならぬ「集合痴」の効果が遺憾なく発揮された例だと言えるであろう。一般人が政治学や社会学における「暴力装置」の意味を知らないのは、致し方ない。問題は、非難の声を上げた連中が、その意味を考えても調べてもみようとしないくせに声だけは大きい、つまり反知性主義的大衆にほかならないことである。彼らは、「暴力装置」という言葉の語感からピント外れの批判を繰り出し、実際は無知を曝け出しているにもかかわらず、あたかも「失礼だ」という批判が正当であるかのような雰囲気が醸成される、という無残な状況が出現した。

この状況に勢いを得た佐藤は、ウェーバーを引き合いに出して仙石を非難し、恐ろしいまでに滑稽な事態を引き起こしたわけである。周知のように、ウェーバーは、「国家とは、ある一定の領域の内部で（……）正当な物理的暴力行使の独占を（実効的に）要求する人間共同体である」[*9]、という近代国家についての最も有力な定義を下した。佐藤は、どこで仕入れたのかわからないが、「国家＝暴力装置」というのは左翼の発想であり、こうした左翼の発想を言い立てたウェーバーは左翼に違いない、という思考回路に基づいて仙石を非難したものと思われる。再び蛇足ながら記しておくならば、マックス・ウェーバーは、こちらは本当に左翼であったローザ・ルクセンブルグとカール・リープクネヒトが殺害されたとき（スパルタクス団の虐殺)、赤飯を炊いて祝った(日本風に言えば)人物である。ここに出現したのは、いやしくも国会議員という政治のプロが、近代国家についての最有力の定義を知らず、さらに悪いことには、半可通のいい加減な知識と大衆への阿り(おもね)によって政敵に対する攻撃に打って出た、という事態である。学問的常識からすれば、暴力が国家の暴力装置にしっかりと一元的に集中されている状態は、国家の秩序を重視する立場にとって、慶賀すべき状態にほかならないのである。

日本の反知性主義の特質

ここで注目すべきは、「暴力」という言葉が――その正当性にもかかわらず――広範な反知性主義的批判を呼び起こしたことであるように、私には思われる。つまり、ほかでもなくこの言葉が反知性主義の噴出のきっかけとなったという事実に、日本の反知性主義の特質が表れていると感じられるのである。露わになったのは一種のアレルギー反応、「否認」である。すなわち、自衛隊や警察とは、その本質上暴力装置であり、そうでなければならないとある。

*8 佐藤正久のツイッター上での発言全文は以下。「マックス・ウェーバーによる『暴力装置』とは『軍隊・警察は国家権力の暴力装置である。国家から権力奪還するためには社会の中に新たな暴力が組織化されなければならない』と暴力革命を是とし、国家は悪であるとの認識では?仙谷官房長官がこの考えであれば、マルクス主義から脱却していないの?」

*9 マックス・ヴェーバー『職業としての政治』脇圭平訳、岩波文庫、1980年、9頁。

いう当然の事実が否定されなければならない、というところに日本の国家主義に関係する反知性主義に特有の「否認」の構造を見て取ることができる。つまり、国家の根幹には暴力があるという普遍的な事実が、この国では否定される。しかし、言うまでもなく、国家による暴力は存在する。ゆえに、その暴力は、いわば、暴力であることを自ら否定する暴力、すなわち否認に貫かれた暴力として行使される。

このような特異な暴力およびそれへの認識の在り方を示唆することによって私が言及しているのは、天皇制国家における暴力である。それは、戦前戦中の共産主義者の弾圧、「転向」現象において、最も苛烈かつ典型的なかたちで現れた。国家による思想信条の弾圧は古今東西ありふれた現象であるが、日本で起きた転向現象において特異な点は、そこに介在した権力の温情主義である。特筆すべきことには、天皇制国家は反抗者たちに対して苛烈な暴力をふるったと同時に、「優しく」接したのであるが、この二面性は矛盾ではなかった。

当時の国家権力が理想の転向形態と見なしたのは、暴力によって無理強い的に共産主義者を思想転向させるのではなく、思想犯が自らの持った信念を心の底から後悔し、自主的・内発的に転向することであった。思想の科学研究会による『共同研究　転向』は、特高警察側の資料を参照してその手管の在り方を次のようにまとめている。

ある思想検事は、転向を実現するための定石を、みずからのそれまでの棋譜を検討することによって、後に続く司法官のためにのこしている。長い拘禁生活につかれはてている思想犯を独房から出してやり（拘禁生活の後悔に対応）、署内の応接室にまねき入れて、検事自身はやや固い椅子にすわっても、被告にはソーファのようなやわらかい椅子に腰かけさせ、煙草の火をつけてやったり、外から食事をとってやったり（健康の消極性）、はなすのにもきつい態度をもってせず、同種の教養と感情をもつものとして一種の連帯感をもってはなしかけ（階級的自制、国民的自覚）、非公式に親に面会させて親をとおして検事の言い分をといてもらい（家庭愛の復活、生活責任）、さらに独房にかえしてゆっくりと過去と未来を考えさせる（年齢の作用、性格の反省）ことをとおして、ほとんど自発的に転向上申書を書かせることができる。[10]［傍点引用者］

椅子の柔らかさや出前の食事などの小道具もあるが、より重要なのは「ひとたび転向が告白された後には、当局は各種世話機関をとおして、転向者が従順な国民として社会復帰できるように、日本の天皇制に特有の温情をもって努力した」[11]、という点である。つまり、署内で示される温情は、ただの見かけ倒しではなかった。無論それは、それだから天皇制国家権

＊10　思想の科学研究会編『共同研究　転向Ⅰ』、平凡社、２０１２年、55頁。
＊11　同前、71頁。

力は、ほかの圧政的政府に比してマシである、ということを意味するわけではない。それが実に特異な論理によって作動していたことが問題なのだ。

国家権力と国民が対立することは不可能である

よく知られているように、治安維持法が禁じていたのは、「私有財産制度の否定」と「国体の変革」であったが、その「罪」の重さは後者の場合の方がはるかに上回っていた。[*12] 天皇制を維持したまま私有財産制に手をつけるということは論理的にありうる。現にそのような論理に従って、佐野学・鍋山貞親(さだちか)らは、自分たちは依然として共産主義を捨てていないという自己認識を持ったまま、転向した。これに対して、「国体」の概念そのものが曖昧模糊としていた、したがって「国体の変革」の意味も曖昧であったにもかかわらず——それは君主政体の変更を確実に意味するが、どのような「変更」であるのか規定され得ない——、それは、私有財産制の改造や解体といった企てとは比較を絶するおぞましい観念であると思念された。すなわちそれは、実質的な秩序変革のプランとしては当時最高度に壊乱的であった私有財産制の否定よりも、はるかに恐るべきものとされたのである。

それでは、「国体の変革」の企てを禁ずるとは、実質的には一体何を禁じていたのか。転向・改悛するならば、この罪は(懲役はつくとしても)基本的に赦されたというところにポイントがある。これはすなわち、「国体の変革」という観念を奉じたり、それを実行しようとする組織（＝共産党）に参加することが犯罪視されていたのでは実はない、ということを論理的には意味している。通常の刑法的な犯罪観念に従うならば、拘留後の態度如何で情状酌量の余地はあるものの、量刑を第一義的に規定するのは実行された犯罪の重さである。治安維持法違反への対処は、明らかにこのような通常の刑事犯罪の原則に従っていない。刑法的原則に従うならば、「国体の変革」を企てたということに課せられた罪の重みに鑑みれば、それを目指す組織に参加した時点で最高度に重い犯罪がほぼ自動的に構成されるはずであるからだ。しかし、すでに述べたように、悔悛した者に対しては寛大な、親切ですらある扱いが待っていた。量刑に関しても、例えば佐野学の場合、無期懲役の判決を一旦受けるも、後に懲役15年に減刑されている。

ゆえに、天皇制国家原理においては、「国体の変革」を企てることとは、端的に不可能なこととして観念されていたと考えられなければならない。日本人である限り、かかる考えを持つこと自体がそもそも不可能なのであり、したがって治安維持法違反などという犯罪は実はあり得ない。言い換えれば、国家権力と国民（法的には「臣民」）が対立するということが国体の論理においては不可能なのであり、このような不可能性が、日本が「万邦無比の国体」を戴く特別な国家である――他の国家ではかかる対立が実際に生じている――ことの証

＊12　1928年の法改正により、「国体の変革」に対してのみ最高刑が死刑となった。

左とされていたのであった。こうした世界観から見れば、「国体の変革」を企てるという道に入り込んでしまった者は、国家に対立した恐るべき犯罪者なのではなく、不幸にもおかしな道に迷い込んでしまった可哀想な善導すべき存在だということになる。だから、当局者は、そのような存在に対しては、「一種の連帯感をもって」接しなければならない。かくして、「国体の変革」を企てることを禁ずるという治安維持法の条文が意味したところの核心は、この国の国民が国家秩序に対して敵対することはあり得ない、という命題にほかならない。それは、「敵対性の否認」なのである。

　こうした「否認」が、「家族国家論」的国家観念から生じていることは見易いであろう。家族の成員が「自ずから相和する」のと全く同じように日本国民、臣民同士、そして君民が自然に相和することによって成り立っているのが大日本帝国であり、そのことによって我が国は世界に類を見ない存在なのだ、という観念である。こうした見解は、明治後半あたりから高山樗牛（ちょぎゅう）や井上哲次郎らによって打ち出され流行した。それは、大正デモクラシーの時代の自由主義的風潮のなかで一旦は力を低下させるものの、大正デモクラシーの自由主義（自由主義は価値観の対立・利害の対立が存在することを前提とする）はついにこの観念を打ち倒すには至らず、昭和の激変期に入ったとき、家族国家論的国家観念はその測り知れない威力を発揮することとなる。

　この観念の磁場においては、国家の構造はイエ制度の直接的・同心円的な拡大版として思念され、無論その頂点には国家＝大いなるイエの長たる天皇が位置する。転向者に対する温情主義もこの構造から発生する。共産主義者とは、不幸にも家族の和合から一時的に逸脱してしまった者なのであり、そこからの転向は「家族への復帰」にほかならないものとされる。だから、過ちを悔いて家族に戻ろうとする者に対しては、温かく迎え入れなければならない。中野重治が転向文学の代表作となった『村の家』において主題化したのは、まさにこの家族の善意の形を取った支配の構造であった。だから逆に言えば、「国体の変革」という観念を信奉することとは、この国が家族の如きもの、矛盾葛藤なき「愛の共同体」ではない、そこには解消し得ない敵対性が内在しているという観念を確信することであった。そして治安維持法は、まさにこのことを禁じたのである。この観念を捨てることとは、社会内在的な敵対性という「否定的なもの」の存在を否認することで、「愛の共同体」に復帰することにほかならない。そして、愛の共同体の成員たちは、これを真摯な改心として受け容れる。

しかしそれはもちろん、巧妙な内面支配の形態、「愛による支配」にほかならない。天皇制国家の愛は、それへの反逆者にも執拗に絡み付く。かつそれは、周知のように、敵対性の存在に固執する者に対しては凄惨な暴力をもって応じた。それはおそらく、質において世界史上類を見ないほど畸形的で陰惨な国家暴力であった。思想犯に対して、一方で激しい拷問を加えながら、他方でこう語りかける。「この暴力はわれわれが君を愛するがゆえであり、君が自分の過ちに気づくためなのだ、それさえ認めれば君はまたわれわれの仲間に戻るのだ」、と。それは、反逆者を事実上罰するのみならず、その主体性を根底から破壊することを目指していた。転向者は、反逆者として敗北するのではなく、家族の愛に気づかなかった恩知らずとしての自己を、また国家と対立する思想信条を抱いた者としてのではなく単に不合理であり得ない思想を持った者としての自己を、転向することによって見出すこととなる。

最も理想的な転向形態

「家族国家としての日本への復帰」という転向のモチーフは、転向現象の大局的な構造において見出されるだけでなく、転向を促す際の手段としても積極的に活用された。日本に復帰することは、家族の愛に目覚め、家族に復帰することと重ね合わせられたのである。すなわち、先に引いた「親をとおして検事の言い分をといてもらう」というのは、転向を実現する際の有力な手段であった。そうした転向例の最も「成功」したものとして、『共同研究　転向』は、小林杜人(もりと)の例を挙げている。獄中の小林は、家族の愛を想起するのと同時に、故郷の美しい山河を想い出すことによって転向を決意する。それが徹底的に欺瞞的なのは、獄中で想起された美しい山々の光景とは、「彼が入獄前には是非変革しなければならないものと考えていた『貧苦』の生活形態[*13]」の一部をなすものであり、美的幻影にほかならないからである。実に、このように徹底的に欺瞞的な転向は、天皇制国家の側からすれば、最も理想的な転向形態であった。転向後の小林は、御用団体の活動家として積極的に転向者の「更生」

に努めることとなる。

家族愛による転向の理想例が小林杜人に見出されるとすれば、最も壮絶な例は戦後大物フィクサーと呼ばれた田中清玄（きよはる）だったのではなかろうか。田中は東大新人会から日本共産党中央執行委員長となり、数々の武装闘争を実行する。そして、1930年7月に逮捕されるが、その5か月前に田中の母が、息子を諌（いさ）めるために割腹自殺を遂げたのである。母の遺書は、次のようなものだった。「お前のような共産主義者を出して、神にあいすまない。お国のみなさんと先祖に対して、自分は責任がある。また早く死んだお前の父親に対しても責任がある。自分は死をもって諌める。お前はよき日本人になってくれ。私の死を空しくするな」[*14]。母の自死を知った田中は煩悶し、熟考の末、共産主義者から天皇主義者へと転向する。

ここで考えられるべきは、こうした多様な形で戦前戦中に展開された「母なる天皇制国家への帰依」という現象は、敗戦による天皇制の大改編を経てどうなったのか、ということである。すなわち、ミリタリズムの中心、「大元帥としての天皇」という天皇像が、いわゆる民主化とともに過去のものとなったとき、天皇制国家の悪しき本質は真に清算されたのか、という問題である。

*13 同前、103頁。
*14 田中清玄・大須賀瑞夫『田中清玄自伝』、ちくま文庫、2008年、77頁。

あまりにも無惨な行動

私の考えでは、それは清算されていない。それを証するのが、例えばあのあさま山荘事件の時に繰り広げられた光景である。若松孝二監督による『実録・連合赤軍　あさま山荘への道程(みち)』（2007）という映画があるが、陰惨な場面が延々と続くなかで、私にとって最も陰惨な光景として記憶から離れないのは、あさま山荘での銃撃戦における一場面である。山荘に立て籠もった赤軍戦士たちを説得するために、警察はその母親を現場に連れてくる。そして、母親は拡声器を握って泣きながら絶叫する、「〇〇ちゃん、出てきてー！」と。この光景は、ある意味では連合赤軍の「革命戦争」の空疎さを見事に浮き彫りにする滑稽なものでもある。しかしながら、私の目には、この光景はあまりに陰惨だ。なぜこのとき、赤軍兵士の母は、このような無様な振る舞いをしたのか。それが親心というものだ、と言えばそれまでかもしれないが、私はそれで済ませられるべき事柄ではないと考える。

赤軍戦士のやったことは最悪の愚行であり、私は一片の共感も持ち得ない。ゆえに、赤軍戦士の母に、息子たちの行動を理解し共感しろ、と私は要求できない。だが、それでも私は、母たちのあのような行動はあまりに無惨なものだ、と考える。なぜなら、いかに意味不明で単なる愚行にすぎない行為に見えるとしても、当人には当人自身の考えがある――たとえそれがいかに道理から外れたものであっても――、言い換えれば、息子には一個の人間として主体性があるという事実を、この行為は無効化しようとするものにほかならないからだ。かつそれは、息子たちの行為に伴う責任を免じようとするものでもある。当人には自身の考えがあり、したがってその考えに基づいて行動することにおいて、それに伴う責任はすべて本人がとるべきものだと考えるならば、銃撃戦による死も含めて行動がどのように展開しようとも、それは第三者が容喙できる事柄ではない。

結局のところ、「赤軍戦士の母たち」がしたことは何であったのだろうか。それは、天皇制国家の伝統原理たる「愛による支配」を継承することであった。山岳ベースでのリンチ殺人とあさま山荘への籠城において、連合赤軍の「革命戦争」はすでに十分茶番であったが、「母たち」が登場することによって、事件の茶番性は総仕上げを受ける。籠城に至るまでの過程ですでに赤軍戦士たちの行動の内実はおよそ政治闘争とは呼べないものとなっていたが、母たちの絶叫はとどめの効果を持っている。それは、赤軍戦士の行為が政治闘争として間違っているだけでなく、そもそも政治闘争の行為たり得ていないことを告げ、さらには政治闘争の行為そのものがあり得ないことを示すものであるからだ。

政治闘争そのものの存在論的否認

すでに現実に茶番であった事の成り行きを誰の目にも明らかな茶番劇へと仕上げたという意味で、母たちの呼び掛けは状況の真実を明るみに出している。しかし、その真実が親の口から語られることによって、状況は別様のものへ転化する。すなわち、状況の真実を認めることと、親の愛に目覚めることが、等置されたのである。赤軍戦士の行動が本当のところ政治闘争たり得ていないという事実を認めることそのものは、敵対性の認識をまだ手放していはいない。しかし、この認識に到達することが親の愛への目覚めを媒介として行なわれるのならば、それは、政治闘争のやり方が間違っていたという認識から、政治闘争を行なった（敵対した）ことそのものが間違っていたという認識へと移行することを意味する。およそ政治闘争なるものが存在するためには、敵対性が社会に内在することの認識が前提とされる。つまり、ここで母親が動員され、「革命戦争」がおよそ政治闘争でなくなる（ファミリードラマ化する）ことによって生じるのは、政治闘争そのものが存在論的に否認される、つまり敵対性の存在を否認することである。「母を悲しませるような行動は、それが何であれ間違っている」、と。

かくして、「あさま山荘の母」とは、田中清玄の母が戦後民主主義的に頽落したバージョン、茶番としての反復にほかならない。どちらも「愛による支配」であることは共通しているが、田中の母が「よき日本人たれ」と息子に命ずるのに対して、「あさま山荘の母」は「出てきて」と息子にお願いをする。田中の母が罪と責任の意識から真っ直ぐに死を選んだのに対し、「あさま山荘の母」は親子共々反逆の罪を赦されることを願う（あさま山荘事件の進行中、山岳ベースでの惨劇はまだ明らかになっていなかったのだった）[*15]。戦前戦中の「きつい」天皇制においては「諫め」は死によって行なわれなければならなかったが、戦後の「ゆるい」

天皇制においてはメガフォンを持って絶叫することが許されたのであった。その落差は大きいが、それでも原理は共通である。この家族国家において、社会内在的な敵対性は否認されるのである。戦前「主義者」や「アカ」といった言葉が独特の響きを持ったのは、こう呼ばれた者たちが、この敵対性を否認しないという意味で恐るべき異分子であることを意味していたからであった。

先に触れた政治家の「暴力装置」発言による騒動は、この原理がいまもなお健在であることを示唆する。「暴力」という言葉は、敵対性が存在することの表徴にほかならず、そうであるがゆえに、それはアレルギー反応を引き起こした。この発言をした仙石由人は、社会科学的には全く正しいことを述べていたにもかかわらず、弁明することもなく発言を撤回したのであった。

「敵対性の否認」に基づく思考様式

「日本社会は同調圧力が強い」とは、非常にしばしば指摘されてきた事柄であるが、一体われわれは何に同調させられるのか。その核心にあるのは、「敵対性の否認」にほかなるまい。

*15 ただし、連合赤軍の親たちのなかには、死を選んだ者もいる。坂東國男の父は首を吊って自ら命を絶った。その死の動機は十分に考察される必要がある。

このことは、明治以降の近代化に始まり、敗戦を契機とする民主化が行なわれても、依然として日本国家が契約国家（社会契約に基づく国家）になり切っていないことと関係している。契約は、相互に対等で敵対的な関係を潜在的に持つ者同士が取り結ぶものである。逆に言えば、潜在的な敵対性が存在しないのならば、契約は必要がない。

要するに、この国には「社会」がない。社会においては本来、その構成員のあいだで潜在的・顕在的に利害や価値観の敵対関係が存在することが前提されなければならない。しかし、日本人の標準的な社会観にはこの前提が存在しない。そうでなければ、「社会」という言葉と「会社」という言葉が事実上同義で使われるという著しい混乱が生じる（「社会人」とは実質的に「会社人」を意味する）はずがないのである。あるいは、「権利」も同様である。敵対する可能性を持った対等な者同士がお互いに納得できる利害の公正な妥協点を見つけるためにこの概念があるのだとすれば、敵対性のない社会にはそもそもこの概念は必要がない。ゆえに、社会内在的な敵対性を否認する日本社会では、「正当な権利」という概念が根本的に理解されておらず、その結果、侵害された権利の回復を唱える人や団体が、不当な特権を主張する輩だと認知される。ここではすべての権利は「利権」にすぎない。会社はあるが社会はなく、利権はあるが権利はない。まさにこうした「敵対性の否認」に基づく思考様式にどっぷりつかった層が今日の反知性主義の担い手となっているのは、実に見やすい道理である。

天皇制国家の論理、すなわち国家を家族のアナロジーでとらえることにすでに重大な問題がはらまれているが、百歩譲って仮にそれが正しいとしても、現実の家族は無条件的な調和が想定されうる「愛の共同体」などではない。それは、愛憎の葛藤が渦巻く敵対性をはらんだ共同体である。信田さよ子が「アダルトチルドレン」の概念に関して強調するように、家族内での愛情はしばしば支配の欲求と一体化し、かつそれを隠すものとして機能する。「貴方のためなのよ」という母親がしばしば子に対して発する言葉は、支配の欲望を実現しつつ隠蔽するものであるが、それは戦前戦中の思想検事の論理をぴたりとなぞっている。そこでは、温情と拷問はいずれも、思想犯の主体性を無化する、主体として思考することを不可能にする手段としてコインの表裏をなしていたのであった。

5. 否認先進国日本

見てきたように、日本的な『敵対性の否認』もまた、今日の反知性主義の世界的文脈に見て取れる「否定的なものの否認」の一種に数えられうる。近代主義の立場からすれば、社会はその社会に内在する敵対性を正面から認め、それを引き受けることによって、一段高次の共同体へと生成することができるし、そうしなければならない。それが、「否定的なもののもとへの滞留」を通じた弁証法的生成の論理である。ところが、すでに見たように、ネオリベ資本主義の要請から啓蒙主義のプロジェクトは公然と放棄され、制度的学問の体系は「否定的なものの否認」に貫かれるようになる。してみれば、反知性主義の日本的伝統・その特異性は、こうした世界的傾向を先取りしたものであるとも言える。全く誇らしくもないが。「悠久の国体」が否定性を含まないものとされるのと同様に、「歴史の終焉」以後の世界に否定性は位置づけられ得ない。したがって、日本は言うなれば、否認先進国であり、世界は日本化しつつあると言える。成熟の拒否、すなわち否定性を媒介とした成長を拒否する所作が「クール・ジャパン」「カワイイ」カルチャーとして輸出商品になりうるという文脈もここにあるだろう。それは、世界史の文脈において近代化を強制され、その近代化がどこまでも表層のものにとどまり、その表層性こそをナショナル・アイデンティティにしてしまった日本の、グローバルな近代化に対する復讐であるとも言える。例えば、村上隆はそのような文脈をはっきりと自覚して、自らの作品を芸術史の文脈に乗せた。

以上からわかることは、今日の反知性主義の世界的傾向の根強さである。これを反転させることは、無論容易ではない。それは、グローバルな規模で亢進する「否認の心理」を振り払うことを意味する。それは、やや抽象的な言い方をすれば、今日のような「否定的なものの否認」が蔓延する状況そのものを、世界史における「否定的なもの」としてとらえ返すことによってなされるほかない。おそらくそれは、破局的事態としての「否定的なもの」を避けるためのただ一つの道である。

「反知性主義」について書くことが、なんだか
「反知性主義」っぽくてイヤだな、と思ったので、
じゃあなにについて書けばいいのだろう、
と思って書いたこと

高橋源一郎

高橋源一郎（たかはし・げんいちろう）

１９５１年、広島県生まれ。作家、文芸評論家。明治学院大学教授。81年『さようなら、ギャングたち』でデビュー。著書に『日本文学盛衰史』（講談社文庫）、『一億三千万人のための小説教室』（岩波新書）、『「悪」と戦う』（河出文庫）、『恋する原発』（講談社）、『非常時のことば』（朝日新聞出版）、『国民のコトバ』（毎日新聞社）、『銀河鉄道の彼方に』（集英社）、『１０１年の孤独』（岩波書店）、『「あの戦争」から「この戦争」へ』（文藝春秋）など多数。88年『優雅で感傷的な日本野球』（河出書房新社）で第１回三島由紀夫賞、２０１２年『さよならクリストファー・ロビン』（新潮社）で第48回谷崎潤一郎賞受賞。

「日本の反知性主義」（だったっけ？）について書いてほしいといわれたんだけれど、ぜんぜん書けない。でも、ぼくの経験からいうと、「書けない」というのはいい徴候だ。なんでもすぐ書ける、というのは病気っぽいと思うんだよ（ぼくの場合）。

じゃあ、どうして書けないんだろう。一つは、なにもかもが面倒くさい（生きていることも含めて）という、まことに正しい人間的反応で、それは除外するとして、「（日本の）反知性主義」というテーマに、ぼくの中のなにかが抵抗しているからじゃないかと思った。じゃあ、なにが抵抗しているんだろう。

それは「反知性主義」ということばが意味しているものが、あまり（というか、ぜんぜん）いいものじゃないからだ。ということは、自分が、いいものではないと考えているものについて書いたり、考えたりしなきゃならない、ってことで、そういうことは、とても疲れる。

そんなことをいったって、きみはこの前の本で、安倍さんや百田さんについて書いていたけど[*1]、それはどうなんだ、って思われるかもしれない。あのとき、きみは、（どう考えても）いいものじゃないと思いながら書いたんじゃないのかい。そう、確かに。でも、あのとき、ぼくは、彼らを誉めるような書き方をして、それは単なる揶揄でもなくって、できるだけ好きになりたいと思っていたからだ。

＊1　『街場の憂国会議』所収「安倍さん（とお友だち）のことば」

ちょっと待って。

「できるだけ好きになる」ということばを、ここにクリップしておこう。なんだか、ちょっと閃いたんだ。

元に戻って、ぼくがいいたいのは、「反知性主義」という言い方の中に、どうしても含まれてしまう「あんたたちは反知性だけれど、こっちは知性だよ」というニュアンスが好きになれないってことだ。この前、書いたことだけれど、ぼくのおばあちゃんは、ぼくが「バアちゃんのアホ!」というと、「他人のことアホっていうやつが、アホや!」といった。街の哲学者だ。その通り、というしかない。どこかにいる「反知性主義」を見つけて、それに「反知性主義」というレッテルを貼るのは気が進まない。そのことで、自分も「反知性主義」ヴィールスに冒されるような気がする。だって、「反知性主義」というのは、すごく簡単にいうと、相手のことを、すごく簡単に否定する考え方じゃないか、って思えるからだ。

じゃあ、どうしたらいいのか。

そうじゃないもののことを書いたら、どうだろう。つまり、「反知性主義」じゃないもの、っていうのは、どういうものなんだろう、ってことだ。つまり、それは、「知性」ってことで、「知性」というものが、どういうものかわかれば、そうでないもののことを「反知性」っていってもいいってことになるんじゃないかな。

速さ

誰かがなにかを書いていて、ああ素敵だ、って思えるときがあって、そういうときに、それはなぜだろうか、って考えると、そこに「知性」（の働き）があるからじゃないか、って思えることが多い。

たとえば、ぼくの好きな一節がある。書いたのは、鶴見俊輔さんだ。

私の息子が愛読している『生きることの意味』の著者高史明の息子岡真史が自殺した。『生きることの意味』を読んだのは、私の息子が小学校四年生のときで、岡真史（一四歳）の自殺は、その後二年たって彼が小学校六年生くらいのときだったろう。彼は動揺して私のところに来て、

「おとうさん、自殺をしてもいいのか？」

とたずねた。私の答は、

「してもいい。二つのときにだ。戦争にひきだされて敵を殺せと命令された場合、敵を殺したくなかったら、自殺したらいい。君は男だから、女を強姦したくなったら、その前に首をくくって死んだらいい。」

そのときの他に、彼と男女のことについてはなしたことがない。私は自分で、男女の

ことについて、こうしたらいいという自信をもっていないからだ。

(『教育再定義への試み』岩波現代文庫、170-171頁)

これを最初に読んだのはいつだったか忘れたけれど、そのときのショックは忘れられない。「とたずねた」から「私の答えは」までの間に、おそらく、数秒の間もなかったんじゃないだろうか。鶴見さんは、もっとも答えにくい問いに、考えうる限り、もっとも「速く」答えた。あるいは「応えた」。なぜ、そんなことが可能になったんだろうか。

ぼくは、時々、学生たちに、鶴見さんの息子がした、この質問をしてみる。すると、回答は二つに分かれる。

(1)難しい、といって絶句する。

(2)少し考えて、紋切り型の回答をする。「死んじゃダメだ。生命はなにより大事だから」

といったような。

(1)も(2)も、同じ回路を経由している。難しい問題が与えられる→考える→回答が見つからない→なんとか(みんなが考えるような)回答を見つける。こういう回路だ。でも、このときの「考える」は、ほんとうに、考えていることになるのだろうか。こういう場合の

「考える」は、ただ、どこかにある正しい回答を探しているだけで、そういうのって、「考える」とはいわないんじゃないだろうか。

鶴見さんの「回答」は違う。鶴見さんの思考は、こういう回路を巡っている。難しい問題が与えられる↓答える。これでお終い。どうして、こんなに短いのか。それは、鶴見さんが「どこかにある正しい回答」を探さないからだ。でも、回答はある。どこに、か。鶴見さんの「中」にである。いや、もっと正確にいうなら、「鶴見俊輔」そのものに、だ。

もう一度、鶴見さんの「回答」を読んでみよう。不思議な答だということがわかるだろう。実は、この「回答」は、前の戦争中、鶴見さんが自分に対してもっていた「回答」だった。鶴見さんは、自分は弱い人間だから、戦場に出て敵を殺せと命令されたり、やはり戦場で女性を前にして他の兵士たちが強姦するのを前にしたら同じようなことをしてしまうだろうと考えていた。そうならないようにする唯一の方法は、その前に自殺してしまうことだった。だから、鶴見さんの「回答」は、「……だ」ではなく、「わたしなら……する」というものだったんだ。

ぼくが、この「回答」の「すごみ」を、ほんとうに感じるようになったのは、この文章を読んでしばらくして、鶴見さんが、「プラグマティズム」について書いたものを読んでからだ。

鶴見さんによると、プラグマティズムは、南北戦争の惨禍の中から生まれた。南北戦争は、アメリカに深刻な亀裂を産んだ。ただ、おびただしい人びとが死んだだけではなかった。とりわけ、南部の人たちにとって、解きようのない問題として残った。なぜなら、南部の人たちは、ただ負けただけではなく、「正義」も失ったからだ。つまり、南部の人たちには「奴隷解放」という正義もなく、不正義の戦争で、無意味に死んだことになったのだ。しかし、「奴隷解放」は、ほんとうに「正義」なのだろうか。歴史学者たちは、「奴隷解放」は、一面の正義にすぎず、「南北戦争」は、その裏側に、勃興する資本主義が、古い、南部の奴隷制を破壊するための戦争という側面をもっていると指摘している。「奴隷解放」という「正義」のイデオロギーが、南部の人びとの殺戮を正当化していることに気づいたとき、南部出身の哲学者たちは、「正義」の言論そのものの無効化を目指した。それがプラグマティズムだった、って鶴見さんは書いている。つまり、プラグマティズムこそ、あらゆる「原理主義」(どこかに正義があって、その正義には、誰もが従わなければならないという考え、それが「原理主義」だ)への反対を目指し、自らの親しい人たちの血の中から生まれた思想だったんだ。

じゃあ、従うべき「原理」がないなら、いったい、なにに拠って考えればいいのか。「原理」以外のすべて、そこに、その人間が生きている場所にあるなにか、だ。それを使うことによって、そこに生きている人びとが、幸せになることができるようななにか、を使えばいい。

ここで、もう一回、鶴見さんの「回答」を読んでみよう。鶴見さんは、「自分自身」を(というか、自分の「身心」を）、一種の「メートル原器」にしている。

外からやって来るどんな問いも、必ず、鶴見さんの「身心」を通過する。だから、速い。ほんとに速い。でも、鶴見さんと同じようにやってみようと思っても、たいていの人は、同じようにはできない（ぼくもそうだった）。どうしてかっていうと、たいていの人は、自分の「身心」に、ふだん無頓着だからなんだ。

それに対して、鶴見さんの「考え」が「速い」のは、いつも、自分の「身心」に深い関心を寄せていたからなんじゃないかな。自分がなにで、どんな風にできていて、どんな風に反応するかを、いつも注意深く観察していたからこそ、わかるんだ。鶴見さんのことばを使うなら、自分の「身心」に、ちゃんと「いつも水をやっていた」からってことだよね。そうでなければ、さびついちゃっていて、いくら、自分の「身心」だって、とても「メートル原器」になんかなれない。

そういうわけで、鶴見さんの「回答」は速い。でも、その「速さ」には理由がある。「速く」答える必要があったんだ。なぜなら、自分の子どもが、目の前で深刻に悩んでいて、答えてほしい、って思っていたからだ。その質問に、この「回答」は見事に答えている。いや、応えている。それしかありえないと思えるほど、美しい回答であるだけではなく、そのまま、結局きみも自分で考えるしかないんだということまで含んでいるんだから。

ただ「速い」だけの「回答」を作ることもできるだろう。でも、必要なのは、そのことによって、受けとる側の人間が、自力で、どこか遠くへ行くこともできるような「回答」なんだ。そのために必要なものを、ぼくは「知性」って呼びたいと思うんだよね。

もっと、速さ、それから「歪み」を正すことについて

フランスの雑誌「シャルリー・エブド」がムハンマドの諷刺画を出版して、イスラム原理主義の過激派のテロにあった。それをきっかけにして、フランスで「愛国」と「表現の自由」を守れ、の大合唱が起こったことは知っているね。そのとき、フランスに住んでいた、アメリカ人の諷刺漫画家ロバート・クラムのことをぼくは書いた。[*2] クラムは、60年代アメリカでアンダーグラウンドコミックを生み出したといってもいい。クラムの（風刺）漫画は、エロくてグロくて、切っ先鋭かった。そんなクラムは、諷刺漫画受難のフランスにいて、なにを考えたのだろう、とぼくは思った。クラムは、襲撃事件があった二日後（もしかしたら、翌日）には、諷刺漫画を描いていた。誰よりも速かった。そして、誰とも違っていた。

クラムが描いた漫画を見て、彼の妻は「わたしはまだ長生きしたいわ」といい、掲載を求められた「リベラシオン」の編集部は頭を抱えた。でも、結局、その漫画は掲載された。それが、緊急に必要なものであることを、みんなわかっていたんだ。それは、「ムハンマドの尻」というタイトルの漫画を抱え（困惑している、あるいは、震えている）クラム自身を描いた

漫画で、その「ムハンマドの尻」の主人公は、あの預言者ムハンマドではなく、彼の友人の映画監督ムハンマドだった。

それは、とても、「速く」表現されていた。そして、それにもかかわらず、とても複雑で、エレガントなものだって、ぼくは思った。

フランス全土は、「私はシャルリー」のスローガンで溢れていた。テロの直後、という、もっとも緊迫した瞬間、誰もが、ひとつのことばを叫ぶか、もしくは、ことば（表現）を失っている中で、クラムは、「諷刺漫画」という自分の表現を選んだ。

クラムも、テロに反対する。けれども、そのことはただちに、「シャルリー・エブド」を支持することを意味しない。その、あるかないかの狭い領域に、クラムは、自分の表現を放りこんだ。たぶん、クラムは、考えるより先に、描き始めたんだと思う。彼は、おびえる自画像を描いた。なににおびえていたのだろう。暴力に、だろうか。みんなで同じスローガンを叫ぼうという圧力に、だろうか（それもまた、形を変えた暴力なんだけれど）。それらすべてを含めて、世界が歪んでゆくことを敏感に察し、そしてそれにもかかわらず、自分がまったく無力であることを知っていて、そのことにおびえていたんだと思う。しかし、同時に、自分が、いつもずっと、最初からずっと、おびえていたことを思い出したんだと思う。クラム

＊2　朝日新聞「論壇時評」２０１５年1月29日

は、いつもずっと、最初からずっと、少数派だった。少数派は、いつも不安だ。でも、少数派は、多数派の知らないことを知っている。諷刺漫画家は、世界を歪めて描く。でも、わざと歪めて描いてるんじゃない。世界がもともと歪んでいることを（少数派にとって、多数派が作る世界は歪んで見えるのさ）知っていて、それをそのまま描いているだけなんだ。

社会の「歪み」をグロテスクに描きつづけてきたクラムは、長い沈黙の後、数年前、『旧約聖書（創世記）』という長篇の漫画を発表した。でも、そこではきっと、キリスト教が「諷刺」されているにちがいないと思っていた読者は、みごとに裏切られた。クラムは、『旧約聖書（創世記）』のことばを、一字一句おろそかにせず、なにも変えず、その世界を描いていたんだ。

クラムはこういっている。

これまでに私が目を通した漫画版聖書はどれも、原典とは全く異なる地の文やセリフをこしらえて、聖書を合理的にわかりやすくし〝現代風〟にしようとしています。それなのに、これら漫画版聖書はすべて、聖書は〝神の言葉〟であるとか、〝神の啓示によるもの〟だという考えを変えていません。いっぽう私は、皮肉なことに、聖書が〝神の言葉〟であるとは、全く考えていないのです。聖書は人間の言葉だと思っています。とはいえ、聖書は幾層もの意味を持つ偉大な書物で、我々の集合意識、あるいは歴史的意識といっていいものに奥深く働きかける力を持っています。確かに聖書は、神の啓示による書物のように思えるかもしれません。しかし、聖書の持つ力は、人々が何世代にもわたって徐々に発展させ練り上げていった集団的努力の賜物だと思っています。

（……）

私の解釈による『旧約聖書　創世記編』の絵や文章を見たり読んだりして、気分を害したり怒り出したりする読者がいるかもしれませんが、聖書が多くの人々の崇敬の対象になっていることを考えれば、それは避けられないことかもしれません。

私が自分の弁護のために言えることは、ただありのままを絵にしようと思って描いただけであり、馬鹿にしたり茶化したりするつもりは全くなかった、ということだけです。

それでも、万人を満足させることができないのはわかっています。[*3]

クラムは、堕落したアメリカ中産階級の生態を冷酷に、グロテスクに、エロチックに描いた。そこには目を背けたくなるような風景が広がっていた。でも、それは、クラムが「歪めて」描いた、ってことじゃない。もともと、風景は「歪んで」いたんだ。そのことに誰も気

＊3　ロバート・クラム『旧約聖書　創世記編』笹野洋子訳、静山社。

づかなかった。でも、クラムは気づいた。なぜなら、クラムは、少数派で、少数派には、いつも多数派が作る社会の「歪み」が見えるからだ。そのせいで、クラムは、多数派の人々からこてんぱんにやられた。「エグい！　下品！」、ってね。

そのクラムが、「旧約聖書」を漫画にしたと聞いた時、みんなは、きっとグロテスクなものにちがいないと早合点した。それこそが「多数派」の判断っぽいよね。彼ら（多数派）にとって、「諷刺漫画」というものは、要するに「なにかに文句をつけるもの」、「なにかに反対するもの」だった（そういう意味では、「シャルリー・エブド」こそ、「多数派」が考える「諷刺漫画」そのものだってことだね）。それで、「諷刺漫画」というものを理解した気になっていた。でも、ちがうんだ。クラムにとって、「諷刺漫画」とは、「歪み」を補正するもの、あるいは、なにかが「歪んで」いるとしたら、その「歪み」を、そのまま描くものだったんだ。

ここまで書けば、わかってもらえるだろう。「歪み」を見つけること、そして、その「歪み」を描くこと。それが「知性」だ。「歪み」が見えることを、「知性」がある、っていうんじゃないかな。クラムには、「知性」があった。「知性」は、考える前にある。それは「視力」なんだ。だから、（目が見えない）誰よりも、「速い」ってわけさ。

もっともっと速さ、女のように

「速さ」の、もう一つの特徴は、「孤立」だ。

「速さ」は、その人を（その思考を）、誰の、どんな思考よりも「速く」進める。だから、気がつくと、「速さ」がたどり着いた場所には、誰もいない。みんながあまりに遅く、「考える」と称して、ゆっくり歩いてゆくだけなので、最初は、みんなと同じところにいても、いつの間にか、ひとりになってしまうんだ。

２００１年９月11日、アメリカをハイジャックされた飛行機が襲った。同時多発テロだ。その知らせをベルリンで聞いたスーザン・ソンタグは、刻々と起こる出来事をテレビとインターネットからの情報で調べ、二日後には、「これは『文明』や『自由』や『人類』や『白由世界』に対する『臆病な』攻撃ではなく、世界の超大国を自称するアメリカがとってきた、もろもろの具体的な同盟関係や行動に起因する攻撃に他ならない」と書き、寄稿した（それは事件から僅か六日後に発行された「ニューヨーカー」に掲載された）。ここで、ソンタグは、「臆病」の名に値するのは、「報復の恐れのない高度の上空から殺戮を行う者たち」（即ち「アメリカ」）の方であるとして、凄まじい憤激を巻き起こすのだけれど、いまは、そのソンタグの意見の内容ではなく、その「速さ」の方に注目してみよう。

「知性」に必要なのは何かっていわれると、ふつうは、「ものごとを深く考えること」ということになるだろうし、それは間違ってはいないと思う。特に、それが、「永遠」に関するような問題なんかでは、それ以外に考えられない。「人間とはなにか」とか「人生とはなにか」とか「生きるに値する世界はどうすれば作り出すことができるのか」とか、なんでもいいけれど、考える深さこそが大切であるような問題では、それでいい。けれども、この世界には、「深さ」よりも「速さ」を必要とするような問題だってあるんだ。

9月11日、同時多発テロの映像を見て、それから、直後に起こった「愛国」の声を聞いて、アメリカ人たちの中にも（いや、アメリカ人だけではなく、世界中で）、怒りや悲しみにかられながらも、「確かに、このテロはひどいけれど、だからといって、報復のためならなんでもしていいというわけじゃないよなあ、じゃあ、どうすればいいのか、誰が正しくて、何が正しくないのか、っていわれると、ちょっと困る」と思った人も多かったんじゃないだろうか。いまでも、そういうことはある。なにか大きな事件が起こる。ある特定の意見が世間で沸き起こる。その意見には賛成できないけれど、といって、その反対の意見というわけでもない。なんだか、自分でも曖昧で、なにをいったらいいのかわからなくてもやもやする、というようなことが。

それは、目の前で一挙に「多数派」の意見の巨大な塊ができるからで、ちょっとおかしいと思っても、それに反抗することはなかなかできないし、そもそもどう考えていいのかだってわからない。それでも、じっくりゆっくり考えていけば、なにか、「多数派」と異なった意見を作ることはできるかもしれない。そうじゃなくって、目の前にある「多数派」の、そして、それ故、極端な意見に対して、瞬時に違ったことを考えられる人がいる(ソンタグのように)。それはなぜなんだろう。

テロの後、すぐに「復讐」や「報復」が唱えられだしたとき、ソンタグの脳裏に浮かんだのは(たぶん)、その「復讐」や『報復」の結果、夥しい砲弾や爆撃を受けることになる人たちのことだった。なぜ、ソンタグがそんなことを考えたんだろう、と思うかっていうと、ソンタグは女性で、女性はずっと「生活」を担当させられていて、男性たちは勝手に「正義」とか「報復」とか「戦争」とかいって怒鳴っていればいいけれど、そんなときでも、女性は家にいて、夕飯を作ったり、子どもの世話をしなければならないわけだからだ。「爆弾を落とされる側」のことがすぐに脳裏に浮かぶのは女性で、そして、実際に爆弾が落ちてくると、「ほんとうに迷惑だな」と思うんだよ。

『ゲド戦記』の作者、アーシュラ・クローバー・ル=グインに「左ききのための卒業式祝辞」という文章があって、ぼくの大好きな文章の一つなんだけれど、それは、ある女子大学での卒業式祝辞で、タイトルにはあるのに、なぜか、その祝辞の中には「左きき」なんか出てこない。ル=グインは、卒業式に出席した女子大生たちに、こんなことをいうんだ。――男たちは、ずっと「上」を見ていました(「天」とか「神」とか「正義」とか、要するに、「イデオロギー」ってことだね)。けれど、わたしたち「女」のルーツは、「闇」に、「大地」にあるのです――。「下」にあるもの、「大地」にある豊かなものから始めるように、とル＝グインはいっていて、それは要するに、具体的な生活に基盤を置くように、ということだろう。でも、それは決して、その中に埋没しろってことじゃない。より深く潜れる者こそが、より高く飛ぶことができる、っていいたかったんだと思う。

この「下」へ向う視線こそが、ソンタグやル＝グインを特徴づけていて、それは、なぜだか「上」へ向かいっ放しの多数派の考え方とは正反対を向いている。そして、彼女たちは、自分の考え方が、世間の多数派のそれとは逆のベクトルを持っていることに十分に自覚的だったんだ。そして、それが可能だったのは、彼女たちが、「女性」であったから（もちろん、女性なら誰でも彼女たちのように考えられるわけじゃない。男性のように考え、男性社会に無意識に受け入れられることを望んでいる女性だって多い）で、この、男性中心社会の中で、どうしようもなく「少数派」（「左きき」はそのシンボルだね）であることを運命づけられていたからなんじゃないだろうか。

だから、ぼくには、もしかしたら、いまや「知性的」なものとは、「女性的」であることをどうしても必要としているのかもしれないとさえ思えるんだ（ここに、ハンナ・アーレントの名前を付け加えると、ソンタグとアーレントはユダヤ系という、もう一つの「少数派」の条件が加わるね）。

前の戦争のとき、多くの（ほとんどの、といってもいいだろう）作家が、書けなくなった。その理由は、外からの圧力もあれば、書くべきことを失ったからってこともあったんだろう。戦争という非常時が、「文学」という、いわば、余暇の産物の意義を奪った、ともいえるかもしれないね。そういうときは、また来るかもしれないし、来ないかもしれない。でも、似たようなことが起きて、また、作家の多くが書けなくなったとき、かつて、そういうときでも、書いていた作家がいたことを思い出してみるといいと思う。

実は、これは、ぼくにとってもとても長い間、謎だった。ほとんどの作家が書けなくなった、と書いた。でも、例外がある。太宰治だ。太宰治は書いた。書いたなんてもんじゃない。昭和16年の太平洋戦争開始から終戦までの5年弱の間に、「東京八景」、「新ハムレット」、「駆込み訴え」、「富嶽百景」、「右大臣実朝」、「佳日」、「津軽」、「新釈諸国噺」、「惜別」、「御伽草子」と、とりつかれたように、傑作を書きつづけた。とりわけ、敗戦濃厚となってからの名作ラッシュは異常だ。そして、もうひとり、同じように、傑作を書き続けた作家がいる。谷崎潤一郎だ。彼の畢生の大作『細雪』は、まさに、戦争の真ん中で書かれた。

太宰治も谷崎潤一郎も、女性になりきることができる男性作家だった。彼らは、ただ、女性を主人公にしただけじゃなく、女性になって語ることができた。女性の視線で見ることができた彼らには、戦争はどんな風に見えただろうか。それは、彼らの小説を読めばわかることだ。

たとえば、戦争についての記述が皆無に近いのに、『細雪』が繰り返し発禁になったのはいったいなぜだろう。それは、谷崎のような視線、いや「知性」こそが、もっとも厄介で、危険であることを、権力の側が熟知していたからなんだけれど、そのことについて、それから、太宰治が「戦争」をどんな風に考えていたのかについては、また次の機会に譲ることにしよう。

どんな兵器よりも破壊的なもの

赤坂真理

赤坂真理（あかさか・まり）

1964年、東京都生まれ。作家。95年に「起爆者」でデビュー。著書に『ヴァイブレータ』（講談社文庫）、『ヴォイセズ／ヴァニーユ／太陽の涙』『ミューズ／コーリング』（ともに河出文庫）、『モテたい理由』『愛と暴力の戦後とその後』（ともに講談社現代新書）など。2012年に刊行した『東京プリズン』（河出書房新社）で毎日出版文化賞・司馬遼太郎賞・紫式部文学賞を受賞。

わかったふりはしたくない

実は、「反知性」という言葉が私にはわかりません。

知的ではない（非知性）こととも とれるし、知性に対抗する（アンチ知性）態度ともとれる。

わからないのにわかったふりをして論を展開したくないし、「こういうことになってます」というお約束で論じたくもない。そうしてみたところで、一般読者の感覚とは離れているだろう。編集者にタームを問うてみたところ、「反知性的な態度とは、実証性や客観性を軽んじ、自分が理解したいように世界を理解する態度、『自分に都合のよい物語』の中に閉じこもる（あるいはそこで開き直る）姿勢（佐藤優氏）」……。

なるほどとは思う。言われてみればそうかと思うし、言われてみれば、非知性と知性に背を向ける態度の、両方がある。

けれど、やはり「反知性」という語から感じられるものとは、少し隔たりがある。

けれど、その「隔たり（隙間）」とは私たちの骨がらみのもので、私たちがタームを輸入して（多くは）、そこに漢語熟語を「当てはめる（むずかしいことには、こうしなくてはいけないと思っている）」という二重の翻訳をしている間に、その生の意味と日本語のタームの間には、ずいぶん開きができてしまう。けれどそこを問うのはしんどいし、「わかったこと」にしていたほうが時間がかからない。

しかし私たちが、本当はよくわからないのに「わかったこと」にして何かを通してしまうとき、本当は気持ち悪いものにそれが瑣末だからといって何も言わないとき、私たちは一体、何に手を貸しているのだろう？

それもまた、反知性的な態度ではないだろうか？

憲法の構成を見ることは、国を見ること

憲法改定が問題になって、いわゆる「平和憲法」のキモである憲法第9条を守れとか変えろとか、その前哨として集団的自衛権を容認するか否かとか、あたかも第9条が日本国憲法の骨子のように思わされてしまうけれども、その議論は「その憲法を持つ国のひとつの主張」と「それにかかわる他者との利害関係が現在出た部分」にすぎない。と、私は思う。

仮にそこを憲法議論の骨子と言うならば、それは「わが国が骨の髄まで他者との関係性でできていて、自分から他者を取り去ったら自分ではない」、というような「国体」を表すのであって、それはそれで昔からその通りだったのではとも言いたくもなり、そうしたらもう、憲法など飾りものなのではとも疑りたくなる。一般法規の上位法たる国家構成法、つまり憲法に、さらに上位の他者がいるということなのだから。憲法などいつ圧力で書き換えさせられるかわからないのだし、じっさい丸ごと書き換えられたのだし。いや、だからと言って私

は、押しつけだから悪いなどとは言わない。内容的には自主より百万倍よい押しつけだってある。これはさておき。

ただ、憲法の「構成」をちゃんと考えてから話をしませんかという提案はしたい。国の「構成」こそが、憲法（Constitution 小文字始まりならただ「構成」の意）が表しているものなのだ。本当は「国家構成法」とでも言った方がよかった。もっと言えば、「法」という言葉を当てたのも、若干誤訳ではないかと思うほどだ。構成をよく見ることは、国を見ることであり、それが「憲法」の生命なのだと思う。

それをしてはじめて、私たちは、この憲法を「押しつけ」だと認めた上で「選びなおす」こともできるだろう。今の状態で仮に国民投票を行ったところで、憲法はやはり他人ごとだろう。他人ごとでないというなら、憲法の「憲」の字の意味を言ってみてほしい。そこには、「国家の構成を表す」とか「国民主権の」とか、「国家の権力を縛るためのもの」とか、そんな意味はない。それはただ、「おきて」という意味である（ただ、憲も法も両方「おきて」の意であるなら憲法とはなんぞやという話を批評家の若松英輔さんにしたとき、若松さんは、「憲は人の社会のおきてで、法は人が変えられない摂理のような法、という区別があるのです」とおっしゃった。ここまでの知性が、多くの日本人にそなわっているなら話はまた違ってくる）。

私たちは、憲法の構成をよく見てみたことがない。だから、守るも変えるもどこか空虚だし、そもそも、憲法の論点は守るでも変えるでもなく、その成分と構成をよく知ろうということにほかならない。ひるがえって、今「憲法問題」とされていることの大半は、実はただの「国際政治」ではないの?とも疑ってみたい。「憲法」と私たちが思っているものが、本当に憲法だとしたら、憲法はここまで他国との関係に依存しないはずだ。

密着か、さもなくば孤立か

しかし、あまり反応する人がいないのですが、集団的自衛権の議論のときによく出てくる「親密な他国」ってなんですか? 気持ち悪い。アメリカならアメリカと言えばいい。「同盟国」でもいい。ぼかすのは日本語の常套としても、でも、でも、「親密な他国」!「親密」なんて表現、国際政治に使う? 「親密な関係」って、これ男女だったら確実に寝てます!!って言葉だ。もちろん同性同士が寝ることも美しく私はまったく異論はありませんが、要は「親密」とは性愛をにおわす語であり、寝るくらいの密着感と無防備さであるってことです(だから親子にも使います)。少し調べてみると、ロイター発記事の言葉が、流通したものらしい。原語が何語かも、私には今のところわからない。しかし同時に、それをそのまま流通させる人の神経もわからないし、撤回させない政府や首相の神経もわからないし、気持ち悪がらず(気持ち悪くても)受け容れる人々の神経もわからない。

この言葉はもしかしたら嫌味か高度な風刺なのか?とも勘ぐってみる。「国際政治」と言ったがそこに本当は「政治」は存在せず、あるのは、「なんでも密着するか、さもなくば孤立か」という抜き差しならない恋愛関係にも似たものであることの。その「親密な他国」には多額の「思いやり予算（今なら、お・も・て・な・し予算と言ってみたい）」を国民の税金から出し、国民特に沖縄県民を危険にさらし、しかしそれを抜いてしまったらどう安全でありうるかを模索してこなかった日本政府と私たちの「戦後」というものへの。

明治期の秘密のパラドックス

安倍晋三内閣によって2012年に出された「自民党憲法改正案」は、やはり第9条と、それに付随した集団的自衛権ばかりが争点となる議論になっている。

しかし、ほとんど誰の突っ込みも私は聞いたことがないのだが、私が目を引かれてやまないのは、その改正案の天皇のとらえ方なのである。

天皇は日本国の象徴（現行）。

←

天皇は日本国の元首であり、日本国及び日本国国民統合の象徴（改正案）。

大日本帝国憲法（明治憲法）の第4条を、現行憲法の第1条である「天皇は日本国の象徴であり……」とミックスしたもの。

天皇には本来的にパラドックスがある。「生身と聖性（肉にして霊）」という。

そこへ明治に「肉にして霊にして、統治制度」というパラドックスが重ねられた。

そこに今、さらにもう一つ、パラドックスを加えられる。そういうことになる。

実権がないことが明記されたからこその「象徴」。その「象徴」を再度「元首」とする。が、象徴「でも」ある。

しかも、本当のところは政府は天皇に実権を渡しなどしない。決して。

明治期の秘密のパラドックス（後述）が、ここには堂々と明記されてしまっている。

もはや、天皇というものが存在不可能なくらいに、幾重ものパラドックスが、この「元首にして象徴」の文言には抱えこまれている。私はそう思う。これが本当にできるというなら、書いた人の頭がおかしいか、書いた人がまるで他人ごとだと思って言葉を並べているか、どちらかである。

「ここまで実現不可能な案を出す人は信用ならないのではないか」という本能的な疑い方があってよいと思う。さしあたって実生活に影響があるかないかの問題ではなく。その疑いに言葉を与えたい。

成り立ちもしないことを、平気で併記し、明文化する人たちの知性を疑う、知性。

その野性の知性を、ないがしろにしてはいけない。

事のいちばんの本質は、よく、はしっこのほうに宿っている。そこを、さしあたって影響がないからと見逃すと、やがて大きなしっぺ返しを食うような気がしてならない。

あらかじめトップが免責されたシステム

近代日本は、「天皇の使いよう」で樹立された国家だ。そして「天皇の使いよう」がまずくて迷走し、1945年の破局を迎えた国家だ。はしょりすぎだが、私はそう言ってみたい。乱暴だが、間違ってはいない。軍部の暴走が戦争の原因というけれど、軍部が暴走できた理由がある。トップを空っぽにつくった、日本の近代国家づくりの「天皇の使いよう」である。そしてその「天皇の使いよう」の使いようで、軍部は独裁状態になれた。それはあくまで憲法の利用範囲に則っていたと私は解釈する。それはトップがあらかじめ免責されたシステムであり、同時に、関係した誰もが責任を持っていないという、マジカルなしくみ（機関）である。明治の元勲たちはおそらく、二つの理由からそういうマジカルなしくみを発明した。ひとつは、天皇を真に敬愛していたこと（しかし、それは明治天皇をであって、制度という個別性のないものまでそうとは限らない。このギャップは、後年問題の温床となる）。もうひとつは、そうした方が、自分たちが実権を握れるため。「明治国家の『密教』は『天皇機関説』だったが、『顕教』は『天皇主権説』（または現人神論）であった」と、『永続敗戦論』で白井聡は実に明快に説明している。明治国家をつくった元勲たちは、天皇の利用と運用の仕方を骨の髄まで心得ていて、天皇を核に据えた中空構造をつくった。

白井聡は、鶴見俊輔と久野収を引きつつ、次のようにまとめた。

すなわち、明治憲法において「天皇は神聖にして侵すべからず」と規定されているが、このような「現人神としての天皇」は大衆向けの「顕教」であり、大衆を従順に統治され、かつ積極的に動員に応ずる存在にするための装置であった。他方、権力運用の実際において、明治の元勲たちは「天皇親政」を表向き掲げながら、実権を持たせず、立憲君主制国家として明治国家を運用した。それが、戦前天皇制の「密教」的部分である。（……）国家のこの根本構造を理解していなければ、戦前の日本社会ではエリートたる資格がなかったのである。

しかし、大正を経て昭和の時代を迎え、大衆の政治参加の機会が増大するにつれて、顕教と密教の使い分けという統治術は崩壊へと突き進む。それは、戦前天皇制の顕教的部分が密教的部分を侵蝕し、ついには滅ぼしてゆく過程にほかならなかった。（中略）その結果、政党政治家よりも軍部のほうがより十全に「天皇親政」を体現しうる勢力として国民の期待を集めることとなり、政治家たちは自ら墓穴を掘る。この過程で、美濃部学説（天皇機関論　引用者注）は不敬なものとして否定され上杉慎吉らの唱える天皇主権説によって取って代わられる（一九三五年、国体明徴声明）が、それは天皇制における顕教的部分が密教的部分を呑み込んだ瞬間を印すものであった。さらに最終的には、「御前会議」における対米英開戦の決断やポツダム宣言受諾の「御聖断」というかたちで、「天皇親政」は実現する。それは、明治国家体制の掲げた建前が完成した瞬間であったが、同時にこの体制の崩壊の瞬間でもあった。

（白井聡『永続敗戦論』太田出版、163-165頁）

つまりは「ネタがベタになる」（精神科医の斎藤環がよく使う表現を借りれば）という現象が、大正から昭和の日本で、国家規模で起こった。「天皇の使いよう」こそは、明治憲法のアキレス腱であったように思う。生身と聖性、生身と制度とをバランスさせるには、運用者にかなりの知性と技術が要る。

明治国家の「密教」部分、それは前述したようにマジカルとも驚嘆すべきうまいシステムで、およそ権力者ならば手放したくないような魅惑を秘めている。ただ、運用には、その二重性のからくりを冷徹に知り抜いていなければならない。でないと、空っぽの座に入ったものが、良いも悪いもなく自動的に実現してしまうので、多くの関係者も含めてほとんどの人が、「そんなことはしたくないのに」とうすうす思いながらシステムに巻き込まれ、システムが粛々と進むのを呆然と眺めるしかない、ということが起きる。

今現在、日本の政治で政治と民意が乖離しているのも、東京電力の責任逃れも、バブル経済と崩壊の責任を誰も問われなかったことも、人々は憤るけれども、そのシステムがシステムの通りに機能していることにほかならない。それをどこかで知ってもいるので、人々は無力感と共にある。無人で進む機関ほど止めにくいものはない。その機関が止まらないよう、機関が機関たるよう、意図的に手を貸す誰かがいたならなおのことである。

「親密な関係にある他国」に守られ

現行の憲法をざっくりと眺めて見たとき、特異だと私が感じたのは、「平和憲法」たる第9条では、なかった。

それが第2章の一部である第9条というポジションに在ること、その「構成」そのものだった。

第1条から第8条までが、天皇のことだという。

日本国憲法は、この点において、大日本帝国憲法と同じ「構成」を持っている。

この意味において、戦前戦中と同じ「国体」は護持されている。

誰かがその「国体を守ってくれた」ということだ。答えを言えば、「親密な関係にある他国」が。男女（便宜的に男女と言うが性愛のパートナー）が寝るほどの距離感で。ジョン・ダワーの『敗北を抱きしめて』風に言うなら「勝者が異性のからだをなで回すような」手つきで。

それは当時の国際情勢の中のまぐれとして温存された。が、温存されたことから「我々は負けていない」という、我らの同胞内の詭弁が可能になる。それは大いなる「確信犯的カン違い」の温床となる。そして「確信犯的カン違い」を維持するためには、「国体」は「戦前のように」維持されなくてはならない。

だから、安倍晋三氏が政権に返り咲いた時、真っ先に手を付けたのが「女性宮家復活の見送り」だったことは、彼の女性観と家族観を物語る以上のものがあるのだろう。

あの自民党草案を書いた人々の頭の中には、単純なイメージが、あるのだろう。

「明治までは、日本は強かった」

「明治までは、日本と日本人は雄々しかった」

だから憲法を書き直すならば、明治にならう。

対外的には、強者の末席に連なって言うなりになりつつ、対内的には、強かった明治のイメージを復古させる。

クーデターで成った政府であるがゆえ

しかし、ここで素朴な問いを立ててみたい。

明治政府はなぜ、憲法をつくるときに、天皇をいちばんに持ってきたのか？

それがいちばんである必要は、今から考えると、ない。

にもかかわらずいちばんであるのは、当時その必要があったからだと思う。

明治政府は、革命、いやクーデターで成った政府である。誰がなんと言おうとそう思う。

その政府はこんにち想像するよりずっと危うく、何十年も流動的なままであったと思う。政府自体が下克上の産物だったから、現に政府内でも、何十年間か、出し抜き合いや足の引っ張り合いが後をたたなかった。ついでに言えば、昭和のある時期に「政府」とほぼ同義だった「軍部」には常に、クーデターで事態を打開できると安易に考える空気があった感がある。

この空気は、明治政府由来なのではないだろうか。

だから、明治政府は天皇を、憲法の第1条に明記する必要があったのではないだろうか。

正当性のしるしとして、また、ある種の重しとして。

それは革命ないしクーデターの旗印だった。新政府にしてみれば、正当性の担保である。血肉のような、はっきりした必然があったのだと私は思う。

そうして補強する必要があった明治は逆に、とても危ういところを抱えた時代だったのではないだろうか。そしてそれが抱えた問題やパラドックスを、解決も昇華もできないまま、私たちはこんにちを生きているのではないだろうか。

見方を変えればこうも言える。明治維新以来の日本は、革命後の社会のひとつの典型的な荒れ方をしたのではと。軍事独裁政権ができてみたり（つまりは軍部の暴走）、外国の傀儡色が強い政権ができてみたり（つまりは、「戦後」）。

勝敗を二分法でみたときの「勝ち戦」という側面だけを見るなら、明治は強い。しかしそこを正しく見なかったことも、昭和の破滅の一因であったと思う。

明治にすぐれたところはたくさんある。が、「明治は良かった」というノスタルジアに浸る人には、知性的なところがまるでない。態度の統一性も悲しいほどに欠けている。

言葉にしたことのない生きづらさ

最近、数は少ないが、「男性の生きづらさ」について訊かれることがある。男性に。カンがいいな、と思う。不遜な言い方に聞こえるかもしれないけど、その感受性は柔らかい。

「近代日本」とは、地理的には「天皇を京都から東京へ移し東京にすべてを集中させる」過程であり、同時に「天皇を生身から物語にする」過程でもあり、天皇を「男性的存在にする」過程でもあった。

そして国家を男性的な、強いものにする、という過程とこれを重ねあわせる。性という具象と、力や国家といった抽象概念が重ねあわされたとき、現在の皇室の存続の危機は始まっていた。

こんな質問をされたことがある。私が以前、「雅子皇太子妃に何かとフォーカスが当たりやすいが、彼女より生きづらいのは娘の愛子さま（こんな一般人めかした呼び方でなく敬宮様と呼ぶべきなのではとは思うが）では？」と書いたことがあるので、来た質問なのだと思うが、

「愛子さまのおかれた（とりわけ、一人の女性として）不自由な境遇について、どのようにお考えでしょうか？」「現在の皇室の状況をみると、悠仁さまが将来男子をもうけない限り、男系の男子はゆくゆく途絶えてしまいます。皇室の専門家の中には、このような現状を鑑みると女性宮家を設けるべきとの意見が多いようですが、赤坂さんはその是非をどのようにお考えでしょうか？」


これらは、「制度は硬直化し、愛子さまの置かれた状況も不自由である。これらを解消しつつ『万世一系』の皇室を続けていくには？」という大きな質問の一環だった。

まあ、ない！　変わらなければこのシステムは生き延びられない。

この意味でやはり、天皇は日本の象徴であることだよとうそぶきたくもなる。
だが、より気づかれにくい問いがそこには隠されている。こうした質問の渦中の人の中で、もしかしたらいちばん「不自由」なのは、まさに、その世代唯一の男系男子、悠仁さまではないか、という問い。この問いを誰かが発したのを聞いたことがない。私は、愛子さまと悠仁さまは、鏡合わせのようなものなのでは、と思う。

「生まれてこのかた、構造的に除外されている（期待されていない）存在」

と、

「生まれてこのかた、構造（血統）の維持のみを期待されている存在」

この男子の生きづらさ、よるべなさについて、考えたことがあるだろうか？

「この社会にたった一人の適格男子」

まるでSFだ。以下、特定個人でなく、SF的な想像力として考えてみる。
この男子は、決して危険なことをさせてもらえない。万が一、重い怪我を負ったり亡くなったりしたら困るからだ。男子が危険なことをまったくせずに育つことの危険は、はかりしれないと思うが、そんなことは考えてもらえない。それでも心配な人々は、なにをするかというと、彼の精子の保存に出るだろう。すると、突き詰めると、その個人より彼の精液が大事、ということになる。私には誰をおとしめる意図もない。これは、想像力の話であり、容易に想像できることは、容易に実現されるだろう。「男系男子が至上」というドグマを突き詰めると、そんなふうに男性の価値が数ccの液体であるというような逆転現象が起きてしまう。この愚かしさに、ぜひ思いをはせてみてほしい。

また、こういうときに「一人の女性としての生きづらさ」として愛子さまのことを訊かれることはあるが、「一人の男性としての生きづらさ」という言葉を口にする人に、私は今まで一度も出会ったことがない。のみならず「一人の男性としての生きづらさ」とは、これは一体、どういう生きづらさだろうか？　言葉にしたことのない生きづらさについて、考えなければいけない局面に来ている。

極端にどちらかに偏ることは、どちらをも幸せにしない。

男性の特徴のひとつ（いい悪いではなく）は「変化に弱い」こと、よって「変わりにくい」こと。だとしたら、変化に強い女性を組み入れることは、男性のシステム維持にとっても、メリットの有ることだと思う。

と、私はつねづね思っていて、それは「男性」にとってもメリットがあるのになと不思議だったが、ここまで書いてきて、謎が解けた。

「以前の」システムと同じままに残さなければ、彼らの存在意義が消えてしまうのである。

そして、システムを「以前のまま」にしようとする努力は、システム自身をも絞め殺す。

問いの立て直しがない。問いを立て直すことなく、「よかった（と自分が思う時代）」に固執する。そして状況すべてを窒息させてしまう。

「反知性主義」的態度とは結局、そういうことではないだろうか。

それは、どんな兵器より破壊的である。

でも、それを、我々自身が用意した側面もある、と思わずにいることもまた、反知性主義的態度であると思う。

国家によっていかようにもむちゃくちゃに規定されうる彼らこそ、もしかしたら私たち「国民」の映し絵ではないか？　そう思う想像力くらい、私たちの側にあってもいいと思うのだ。

その条項がいかに私の生活に直接関係なく見えようとも、国家の「エッセンス」または「かつてエッセンスだったもの」（だって昔も今も憲法第1条にくることなのだから）を、自分の問題として受け取ってみること。私たちが憲法を信じているというのなら、第1条にくることにそのくらいの重みを感じないのはおかしい。そのようでなければ、私たちの「立憲主義」なんてちゃんちゃらおかしいし、私たちの「知性」などあまりに浅く、人間性に寄与するものではないのではないだろうか。

戦後70年の自虐と自慢

平川克美

平川克美（ひらかわ・かつみ）

1950年、東京都生まれ。株式会社リナックスカフェ代表取締役。声と語りのダウンロードサイト「ラジオデイズ」代表。立教大学MBA特任教授。文筆家。早稲田大学理工学部機械工学科卒業後、翻訳を主業務とするアーバン・トランスレーションを設立。99年シリコンバレーのBusiness Cafe Inc. の設立に参加。著書に『移行期的混乱』（ちくま文庫）、『俺に似たひと』（朝日文庫）、『移行期的乱世の思考』（PHP研究所）、『小商いのすすめ』『「消費」をやめる』（ともにミシマ社）、『グローバリズムという病』（東洋経済新報社）、『路地裏の資本主義』（角川SSC新書）、『復路の哲学』（夜間飛行）などがある。

戦争を知らない大人たち

今年で戦後70年である。

このことは、戦争を体験として語れるものはほとんどいなくなったということを意味している。戦争の記憶の風化ということが言われるが、風化どころか誰も戦争を知らないという時代になったということだ。わたしたちは、このことの意味の重大さを、嚙みしめてみる必要があるだろう。

わたしたちは「現在の日本を覆っている空気が戦前のそれによく似ている」などと簡単に言ってしまうことがあるが、戦前のそれがどのようなもので、いかなる道筋で形成されてきたものなのかについて、本当はよく知らない。つまり、それを経験知として身体化している戦中派がいなくなれば、もはや戦前、戦中は同時代として語ることができないものになっているということである。

書物の中に、戦前戦中のドキュメントを発見することができたとしても、そこから得られたものには何か重要なものが欠落している。それを生々しさといってもよいし、体感といってもよいのだが、それ以上に重要なことは、わたしがその時代のメンバーであり、その時代の一端を分かち合っているといった同時代性が失われているということなのだ。

同時代性を失うとは、それを自分の問題として語ることが困難になったということであり、平たく言えば他人事としてしか受け取ることができなくなっているということだ。

戦地の悲惨や、戦争計画の無謀、大本営の虚妄などは理解できたとしても、そこには身体性を伴った切実さというものはあらかじめ失われている。わたしたちは、戦前の日本について本当には知らないのだ。

本当には知らないということを、あたかも知っているかのように語ること。それが、どれほど頓珍漢なことかについてなら誰にでも覚えがあるだろう。いつか訪れようと夢見ていた海外の都市にはじめて足を踏み入れたとき、それが想像していた町とは全く違っていたとか、噂に聞いていた人物と実際に出会ったとき、どれほど自分の想像が的外れなものであったかを思い知るといった経験のことである。

歴史についても同じことが言えるだろう。

確かに実際の体験とは、ただ点としてそこに居り、そこを見て、そこで感じたということに過ぎない。それは虫瞰図的なものであり、ひとつの時代を鳥瞰して得られたものではない。しかしそれでも、鳥瞰図的な知識として知っているということと、その時代を生きた体験の間にある落差は埋めようもなく大きい。

歴史や空間について何かを知っているということは、そこに存在した事件や事物について知っているということだけでは不十分なのだ。その歴史や文脈の土台ともいうべき文脈が分からなければ、事件や事物はただ砂上の楼閣のようにとらえどころがない。

そういうことが、60年以上も生きてくると漸く分かってくる。

わたしは、現在の政治状況や、日本という国家を覆っている空気について考えてみるときに、それを戦前の日本に似ているというような物語として語ることは原理的にできないのだ。だから、わたしは、本当は戦前、あるいは戦中の日本については知らないということを出発点として、考えてみたいと思う。

少なくとも、知っていることと知らないことを丁寧に腑分けしながら、考えを進めて行く必要がある。

かつて、ベスト・アンド・ブライテストを擁したアメリカが、東アジアの小国との戦争に敗れた。かれらにとっては、この戦争の勝敗は明らかであり、決着は容易なはずであった。しかし、その合理性は、ベトナムのジャングルの前では、いかなる意味も持たなかったのだ。『ベスト&ブライテスト』を書いたデヴィッド・ハルバースタムのようなジャーナリストもいたが、アメリカはベトナム戦争から、もっとも重要な教訓を学ばなかった。2003年3月19日、ジョージ・W・ブッシュは、イラク国内に大量破壊兵器を隠し持っているという理由によって、イラク進攻を開始した。このイラク戦争は、当初は数日、あるいは長くとも数週間で決着すると考えられたが、ブッシュ時代に戦争は終結せず、次期大統領のバラク・オバマが終結宣言を行ったのは実に8年後の、2011年であった。戦前の目論見はもろくも崩れ去り、米軍の死傷者だけでも、4491名（米国国防総省発表）におよぶ、長く厳しい戦争となったわけである。

様々なデータに基づいてシミュレーションをしている軍人でさえも常に戦争の見積もりを誤る。ましてや、戦争について「知らない」政治家が、どうやって戦争をイメージできるのだろうか。

戦後70年を経た日本とは、戦争の時代について誰も知っているものがいなくなった時代である。もはや、我が国の政治家が語る戦争とは、ベトナム戦争前のリンドン・ジョンソンや、イラク戦争前のジョージ・W・ブッシュほどにも、戦争について幻想的なイメージしか持たないものによって語られる戦争でしかないということであり、それがどれほど現実離れしたファンタジーでしかないかということは、肝に銘じておきたいと思う。

集団的自衛権の行使容認を閣議決定した安倍晋三内閣は、果たしていかなる見積もりによって、戦後70年続いた「戦争をしない国」から「戦争を出来る国」への転換をしようというのだろう。もう少し、謙虚になって、戦争を知っている世代の言葉を聞いたらどうかと思う。自分の知らないことをさも知っているかのように語るのではなく、自分が何を知らないのかについて考えたらどうかと言いたい。

自分が何も知らないということを知らない

内閣総理大臣安倍晋三という政治家の政治手法に関して、反知性主義という言葉が貶下的な意味で用いられることがある。わたしは、これには少しばかり違和感がある。

安倍晋三は反知性主義の政治家なのか。

もし、単に知性が不足しているという意味で、この言葉が使われているとするならば、それはこの言葉に対する理解不足である。反知性主義とは知性の不足に対して形容される言葉ではない。現場での体験の蓄積や、生活の知恵がもたらす判断力を、知的な営為や、想像力が組み上げた合理性よりも信頼するに足るという保守的イデオロギーのことである。

田中角栄になら当てはまるかもしれない反知性主義的思想は、政治家一家の中で培養された二世政治家にははなから存在していないのだ。かれは、己の身体ひとつから、叩き上げて権力の中枢に上り詰めた男ではない。

もし安倍晋三が反知性主義的イデオロギーの持ち主だというのなら、おそらくそれは安倍晋三に対する過剰な評価ということになるだろう。

わたしの見るところでは、彼は常に己を攻撃してくるものとしての知性を畏怖しているが、知性というものが何であり、どのように使うべきものなのかについてはあまり関心がない。

知性の持つ影響力には大いに興味があり、自説を補強するためには知識人を援用する。

安倍晋三のイデオロギーは、まさに「イデア＝観念」であり、ほとんど思い込みとでも言いたいような現実性を欠いたものだと言わざるを得ない。その著書『美しい国へ』の中で、彼はこう書いている。

この映画は、昭和三十三年という時代を記憶している人たちだけではなく、そんな時代を知るはずのない若い人たちにも絶賛された。いまの時代に忘れられがちな家族の情愛や、人と人とのあたたかいつながりが、世代を超え、時代を超えて見るものに訴えかけてきたからだった。

（安倍晋三『美しい国へ』文春新書、第七章）

しかし、安倍晋三はこの映画の時代を知らない。まだ、4歳であり、父方の祖父に衆議院議員の安倍寛、母方の祖父に岸信介、大叔父に佐藤栄作という政治家一族の次男坊である。彼のような環境に育ったものが、当時の庶民の生活についてどれほどのリアリティをもって思い描くことができるというのか。それを「いまの時代に忘れられがちな家族の情愛とか、人と人とのあたたかいつながり」と知ったかぶりで書いてしまうところに、この政治家の観念性がよくあらわれている。だからこそ、同じ文章のすぐあとに、経済成長期の庶民の生活とは文脈的に繋がるはずもない愛国心が、あたかも経済成長期の日本人の心性であったかのように語られてしまうのだ。

わたしたちの国日本は、美しい自然に恵まれた、長い歴史と独自の文化をもつ国だ。そして、まだまだ大いなる可能性を秘めている。この可能性を引きだすことができるのは、わたしたちの勇気と英知と努力だと思う。日本人であることを卑下するより、誇りに思い、未来を切り拓くために汗を流すべきではないだろうか。

日本の欠点を語ることに生きがいを求めるのではなく、日本の明日のために何をなすべきかを語り合おうではないか。

（同書）

こういった現実感の裏打ちのないところで物語を作り上げてしまうという思考経路は、閣議決定後の記者会見における安倍総理自ら行った集団的自衛権のパネルによる説明においても遺憾なく発揮された。

「紛争国から逃れようとしているお父さんやお母さんや、おじいさんやおばあさん、子供たちかもしれない。彼らが乗っている米国の船を今、私たちは守ることができない」

「この議論は、国民の皆様一人一人に関わる現実的な問題であります」

（2014年5月15日記者会見）

安倍晋三が、自分の語ることは国民の現実的問題だと言っている。何が現実的だというのか。実際のところ、ここにあるのは空疎なファンタジーだ。米国船が、日本人を紛争国から脱出させるなどということは起こりえないと、軍事専門家も、米軍関係者も指摘している。軍事専門家や米軍関係者の言うことが本当なのかどうか、素人であるわたしにはよくわからない。問題は、こういったことが起きうるのか、起こりえない想定なのかということではない。安倍晋三が、まったく自分が知らないことを、あたかも知っているかのように日本国民に向けてレクチャーしているということが問題なのだ。

あるいは、かれがあたかも知っているかのように思い込んでいるのだとすれば、それも問題である。いずれにせよ、一国の総理大臣が確かな現実的根拠を踏まえずに、国の礎である憲法の解釈を変更するなどということが、許されていいわけはない。

大衆煽動の強力なツールとして

ところで、現大阪市長の橋下徹は、知性というものを徹底的に軽蔑するというポーズにおいて明確な反知性主義イデオロギーの持ち主であるかもしれない。総理大臣安倍晋三は、知性主義ではもちろんないが、反知性主義でもない。どちらかといえば、権威主義であり、その政治手法は全体主義的である。彼に知性がないと言いたいわけではない。知性の使い方を知らないのだ。知性とは自分が何を知らないかを知ったときに、はじめて生き生きと発動する。知らないことを知っていると錯覚したとたんに、知性は思い込みとして、その活動を停止する。

イデオロギーとしての反知性主義は、まさに橋下徹が具現化している。橋下は「知識人なんか、現場のことを何もしらず、ただくっちゃべって、評論しているだけだ」というようなことを繰り返し述べている。知識人と呼ばれるひとに対するほとんど憎悪といってよいほどのパトスはどこからくるのか。

何度もこういった知識人への罵詈雑言を聴いているうちに、橋下は「知識人攻撃」が、大阪という土壌の中で最も効き目のある大衆煽動のツールであることをよく理解し、それを戦略的に使っていることが分かってきた。

大阪の大衆を煽動するためには、大阪人を被害者として定位するのがもっとも手っとりばやいことを、「芸能人」でもある橋下は直観的に理解した。

大阪はいつも東京の風下に置かれ、わりをくってきた。「物を作ったり、売ったりする実物の世界では大阪は他のどこよりも先行しているにもかかわらず、いい思いをしているのは手を汚さず、机上の空論で口に糊している東京人であり、それを許しているのは東大法学部出身者の巣窟である官僚機構である」

こういったルサンチマンを煽ることで、大阪人が東京に対して意識的にか無意識的にか持っているであろう特別な感情をくすぐる。

「現場、現物、現実を知っているのは、学者や文化人ではない。市井で額に汗して働いているものたちであり、その意味では大阪人は不当に不利益を被ってきたのであり、本来はもっと尊敬されてしかるべきなのだ」

この考え方は、大阪という土地では受ける。そう考えているはずである。

橋下自身には、おそらくは知識人コンプレックスはないだろう。大阪府立北野高等学校という名門高校を卒業し、早稲田大学政経学部に学び、弁護士として活躍してきた橋下にとっては、知識人コンプレックスを持つ必要もない。では、橋下自身が反知性主義的な言辞を振りまくとき、かれが知性主義というものをその「最高の鞍部」で超えようとしているのか、言い換えるなら知性主義について知悉（ちしつ）しているのかと言えば、そうではない。橋下は「反知性主義」が大衆煽動のツールとして強力な破壊力を持っていることを、単に利用しているだけである。

最低のコストで最大の便益をもたらすものを素早く使うというのが、橋下という政治家の特徴であり、まさに利に敏（さと）い合理主義者であるというべきだろう。

「反知性主義」は、政治家橋下にとって最もコストのかからない政治的ツールなのである。

安倍晋三と、橋下徹。この二人に共通しているのは、戦後日本の教育は自虐史観に基づいているという認識である。２０１３年4月の衆院予算委員会において、安倍晋三内閣総理大臣は教科書検定基準の見直しを強調し、これを受けるかたちで自民党教育再生実行本部「教科書検定の在り方特別部会」（主査・萩生田光一総裁特別補佐）が、中間取りまとめ案を作成した。そこでは「自虐史観に立つなど、多くの教科書に問題となる記述がある」との指摘がなされている。この認識は安倍晋三の検定基準見直しの意向に沿うものだろう。

ネット上にあふれかえる、幻想的な右翼思想の語る「自虐」ではない。政治家が現実の政治過程のなかで、戦後日本の教育は自虐史観に基づいていると言っているのである。

しかし、もし「自虐」という言葉が、自らを責めるという意味で使われるのなら、先の戦争およびそれが与えた加害例と、甚大な被害例を「反省」する言葉づかいは、必ず「自虐的」なものにならざるを得ないだろう。自らの行為を検証し、反省する言葉づかいは、必然的に「自虐」性を帯びることになるからである。

そして、自らの行為の検証や反省は、それ自体が、すぐれて知性的な作業だといわなければならない。知性の働かないところでは、自分たちの行為を相対化する視点を持つことは不可能であり、検証もできなければ反省もまたないだろう。

知性的だった戦後ドイツの宰相

ドイツの第六代連邦共和国大統領ヴァイツゼッカーは、戦後ドイツの立ち位置に関する多くの演説を行ったが、そのどれもが「自虐」的なものであり、ドイツ国民に反省を求めるものであった（たとえば、終戦40周年を記念したドイツ議会演説『荒野の四十年』はその代表だろう）。

安倍晋三が最も尊敬していると言われている岸信介は、多面的で複雑な人物像が伝えられており、安倍が岸のどの部分を尊敬していたのかは検証に値する。安倍の憲法観や、慰安婦問題に関する答弁、さらには昨今の集団的自衛権の必要性の説明を聞いていれば、これまで積み上げてきた戦後民主主義の擁護者としての歴代総理大臣とは異なった、戦前的秩序に価値を置く歴史修正主義者としての顔が窺える。

しかし、冒頭でも述べたように、安倍晋三は戦前という時代も、戦中も、戦後の荒廃の時代も本当は知らない（それはわたしたちも同じだ）。

自分が本当には知らない時代を、あたかも知っているかのようにして物語をつくろうとしている。知らないとは恐ろしいことでもある。

戦没者の皆様の、貴い犠牲の上に、いま、私たちが享受する平和と、繁栄があります。そのことを、片時たりとも忘れません。

いまだ、ふるさとへの帰還を果たされていないご遺骨のことも、決して忘れません。過日、パプアニューギニアにて、ジャングルで命を落とされ、海原に散った12万を超える方々を想い、手を合わせてまいりました。

いまは、来し方を想い、しばし瞑目し、静かに頭を垂れたいと思います。

日本の野山を、蟬しぐれが包んでいます。69年前もそうだったのでしょう。歳月がいかに流れても、私たちには、変えてはならない道があります。

今日は、その、平和への誓いを新たにする日です。

私たちは、歴史に謙虚に向き合い、その教訓を深く胸に刻みながら、今を生きる世代、そして、明日を生きる世代のために、国の未来を切り拓いてまいります。世界の恒久平和に、能う限り貢献し、万人が、心豊かに暮らせる世の中の実現に、全力を尽くしてまいります。


（平成26年8月15日全国戦没者追悼式式辞）


この安倍の式辞を読んでいると、先の戦争が地震や水害などの天災ででもあったかのような印象を受ける。

「日本の野山を、蟬しぐれが包んでいます」という唐突で感傷的な風景描写は、あたかも、災厄に襲われる前の景観か、あるいは災厄の後の野山の美しい景観のワンシーンである。

ここには被害者がいるが、加害者はどこにも見当たらない。戦争という「災厄」があるだけだ。

実際には、あらゆる戦争には明確に戦争加害者がいる。戦争は自然が起こすものではなく、人間が起こすものだからだ。そして、戦争によって利益を受けるものがあり、自尊感情を肥大化させるものがあり、権力を拡大させるものがいる。しかし、先の戦争を反省するにあたって、そのものたちを自ら名指すということを、日本人たちはしなかったし、できなかった。

日本と枢軸関係にあったドイツは、この戦争責任者をはっきりとナチスであると名指した。しかし、現実には、ナチスを支持したのは、当時もっとも民主的といわれたワイマール憲法下のドイツ国民である。

だから、ナチスだけが戦争犯罪人だというのはひとつの虚構（フィクション）なのである。ドイツは、すべての戦争責任をナチスに被せるというフィクションをつくることで、ドイツ国民を免罪した。

歴代の指導者たちは、ドイツ人がそのこと（つまりはナチスだけに責任を押し付けるというフィクション）を思い出させるために、何度でもあの時代の光景を思い出させるような演説を繰り返した。国内に博物館をつくり、収容所を歴史の証拠として残し、学校ではワイマール憲法のもとでどのようにしてナチスが台頭してきたのかという政治プロセスを、中学校ぐらいのときに学ばせた。そして、「忌まわしき自分たちの過去を克服する」ことを国民的な課題としてきたのである。

被害者という立ち位置を選択した日本人

一方、日本の戦後指導者は、ドイツ人が自らナチスを戦争犯罪人であると指弾するためのフィクションをつくったようには、日本軍国主義の指導者たちを扱わなかった。日本軍国主義者たちも、お国のために戦った英霊として靖国に祀ったのである。その結果、日本人は誰もドイツ人がしたようなフィクションに対する贖罪意識を共有する必要が無かった。戦後の民主主義教育において、「愚かな戦争」について語られることはあったが、その責任を自分たちのものとして捉えなおす機会は失われた。連合軍の手で行われた裁判で、戦犯は裁かれたが、かれらの誰ひとり、自らが戦争犯罪者であると名乗りを挙げるものはいなかった。戦争は、あたかも天災のごときものであり、忌まわしき災害としての戦争はあったが、ドイツ人が行ったような、「忌まわしき自分たちの過去」というような捉え方は希薄であった。

もし、戦後民主主義というものが軽薄な理想主義に映るとすれば、それはおそらくそこに加害者としての国民という意識がほとんど無く、災害から立ち上がる被害者たちという立ち位置を多くの日本人が選択してしまったというところにあるのだろう。

ドイツは、ナチスに戦争の罪を押し付けて国民を免罪するという虚構を、国民全体で引き受けることで過去を克服しようとした。

東京裁判も、ニュルンベルグ裁判も、戦勝国による政治的裁判であり、敗戦国側にどれほどの道理があろうが、その道理が認められることは無い。戦争に負けるとはそういうことだ。

ドイツは、この非対称的でもあり、公正でもない裁判の結果に従うのではなく、その裁判の結果を受けてひとつのフィクションをつくり、そのフィクションを国民全体で背負い直すという選択をしたといえるだろう。

日本の政治指導者の多くは、東京裁判の結果を渋々受け入れ、あるいは仕方がないと諦め、あるものは戦後ずっとその裁判は政治的なものであり、公正なものではないので正当性がないと主張し続けてきた。

しかし、そもそも軍事裁判は、その判事以上の審判者によって公正さを担保されるものではない。戦争というものが、紛争の最終的な解決手段であり、開戦宣告と当事者同士が了解するルールによって行われ、その決着が軍事裁判である以上、それが公正さを担保するものではなく、政治的な決着であることを、戦争当事国は開戦前に了解済みであることを前提としている。戦争に負けるとは、この裁く側と裁かれる側の非対称を受け入れるということであり、公正な審判を求めるということではない。

ドイツと日本では違うやり方で戦後の国民を免罪した。一方はフィクションをつくり、一方は、戦死したすべてのものは英雄であり、被害者であるという信仰をつくった。それが英霊が祀られる靖国神社である。

2013年12月26日、安倍晋三は内閣総理大臣になってはじめて靖国を参拝した。参拝後、記者団に「御霊安らかなれと、手を合わせて参った。この1年の安倍政権の歩みをご報告し、二度と再び戦争の惨禍によって人々が苦しむことのない時代をつくるとの誓い、決意をお伝えするためにこの日を選んだ。戦場で散った英霊のご冥福をお祈りすることは世界共通のリーダーの姿勢だ」と語った。

ここにも、加害者としての日本人はどこにも出てこない。

大人の政治家の不在

日本国憲法にある「日本国民は、正義と秩序を基調とする国際平和を誠実に希求し、国権の発動たる戦争と、武力による威嚇又は武力の行使は、国際紛争を解決する手段としては、永久にこれを放棄する」とはまさに、単に武力の行使を放棄するということを謳っているだけではない。戦争という紛争解決手段そのものを否定していると読むことができる。わたしは、そのように読みたいと思う。

日本は、戦争に負けた。あのとき、日本が戦争に負けたということを認め、それを自分の過誤として引き受け、その過誤のなかから、どのようにして国を再建してゆくのかと考え、行動した日本人がどれだけ存在したのだろうかと思う。

ドイツの戦後処理に関しては、これが政治的詐術ではないのか、政治的解決に過ぎないのではないのかという批判があるかもしれないが、少なくとも戦後、ドイツ国民がどうしたら国家を再建していけるのかについて考えた大人がいたということだけは確かなように思える。

ナショナリズムというものが国民に蔓延し、それがファシズムに変わり、国民の犠牲や国土の蕩尽を伴う戦争に突き進むのを阻止できるのは、大人の存在である。なぜなら、自尊感情、排他性、夜郎自大、被害者意識、他者への攻撃といったものを制御できるのが大人というものであり、子どもはむしろそれらを昂進してしまうからである。

大人の政治家、ヴァイツゼッカーは、ドイツ終戦40周年記念式典において演説を行った。まず、戦争で犠牲者となった、ユダヤ人、ソ連人、ポーランド人、ジプシー、同性愛者、精神病患者、各国のレジスタンス、共産主義者に対して「思いをはせる」ということを繰り返す。つぎに被害者の悲嘆の山並みを「心に刻み」「思い浮かべる」ことを促した。さらには、この戦争で最大の重荷を負ったのは各民族の女性たちであったことを確認する。そうした戦争の被害者に思いを致すことを述べた後で、ナチスの民族的憎悪について述べ、その加担者であったドイツ人について述べ、ドイツ人たちが何をすべきかについて語り始めたのである。そのエッセンスともいうべき部分を引用したいと思う。

ドイツ人であるというだけの理由で、粗布(あらぬの)の質素な服を身にまとって悔い改めるのを期待することは、感情をもった人間にできることではありません。しかしながら先人は彼らに容易ならざる遺産を残したのであります。

罪の有無、老幼いずれを問わず、われわれ全員が過去を引き受けねばなりません。だれもが過去からの帰結に関わり合っており、過去に対する責任を負わされております。

心に刻みつづけることがなぜかくも重要なのかを理解するため、老幼たがいに助け合わねばなりません。また助け合えるのであります。

問題は過去を克服することではありません。さようなことができるわけはありません。後になって過去を変えたり、起こらなかったことにするわけにはまいりません。しかし過去に目を閉ざす者は結局のところ現在にも盲目となります。非人間的な行為を心に刻もうとしない者は、またそうした危険に陥りやすいのです。

(『言葉の力　ヴァイツゼッカー演説集』永井清彦 編訳、岩波現代文庫)

このヴァイツゼッカーの言葉を、偽善であり、きれいごとだと言う者もあるだろう。たしかに、この大統領が述べていることは、理想的な道徳家の言葉のような響きがある。しかし、わたしには、この演説が、ドイツが戦後すべての責任をナチスに押し付けて国民を免罪したことを知ったうえで、それをもう一度国民全体で確認し、自分たちの過誤を引き受けなければならないという決意表明のように聞こえる。少なくとも、そこに一人の政治家として、戦後の擬制(ぎせい)に実を吹き込むためにドイツ人が何をしなければならないのかということを、自国民の先頭に立って、未来に向けて宣言しているように思えるのである。わたしは、ここにひとりの大人としての政治家の覚悟を見る。

わたしたちが正視すべきもの

もう一つ別の、言葉を引用しておこう。ドイツと同じ敗戦国の指導者が、戦後70年を経て国連で演説を行った。かれは、それまでの指導者が表現してきた歴史に対する反省や、自分の国が行ってきた過誤に対する省察が、しばしば自虐的な歴史観に基づいたものであることを表明してきた。以下の文章が、何を言わんとしているのか、この言葉の含意は何なのかを、考えながらお読みいただきたい。

議長、来年私達は、国連発足70周年を寿(ことは)ぎます。国連が出来た頃、日本は一面の焦土から再起しました。以来片時として、戦争の悲惨を忘れたことはありません。自国、他国を問わず無辜の民に惨禍を及ぼした戦争の暴虐を憎み、平和への誓いを新たにするところから、日本は戦後の歩みを始めました。国連活動への、全面的な献身を自らに課す責務としました。

日本の未来は、既往70年の真っ直ぐな延長上にあります。不戦の誓いこそは、日本の国民が世々代々、受け継いでいく、育てていくものです。

紛争がその居場所を、我々の心と生き方の中から失って初めて、平和は根を下ろします。そのためにこそ、日本は、世界の草の根で働き続けようとしています。

日本とは、これまで、今、この先とも、積極的な平和の推進力である。しかも人の心から「ウォー・カルチャー」をなくそうとし、労を惜しまぬ国であると、まずはそう申し上げ、約束としましょう。

（途中略）

我が政府が旗印とする「積極的平和主義」とは実に、長年「人間の安全保障」の増進、すなわち人間を中心に据えた社会の発展に骨身を惜しまなかった我々が獲得した確信と、自信の、おのずからなる発展の上に立つ旗です。

やがてそこから公平・公正で、人間を中心に据えた社会、人権を尊ぶ民主主義がふくよかな稔りを結ぶことを望みつつ、この営みに、日本は邁進してやみません。

（平成26年9月25日第69回国連総会における安倍内閣総理大臣一般討論演説より抜粋）

ここに引用した部分の前段は、アフリカの健康問題に対処するために5億ドルを準備したこと。国際感染症に関する知見、経験の豊富な専門家を、WHOの一員として派遣したこと。資金の援助が、総額にして500万ドルに達したこと。また、医療従事者のため、防護具を約50万着供与したこと。総額で4000万ドルにのぼる追加支援を実施したこと。などなどの自慢話が続いている。

わたしたちは、これが、自分たちの国の代表の言葉であることだけは正視しなければならない。戦争の加害者に一切言及せずに、戦争の暴虐を憎むなどということが何故言えるのか。そこにあるのは、自分たちの過去を直視することをしない、歴史からの責任回避の姿勢である。その責任回避と、自慢話で満たされた奇妙な演説を聞いて、わたしは日本という国家の未来に対して、あまり楽観的な気持ちにはなれないのである。

いま日本で進行している階級的分断について

小田嶋隆

小田嶋隆（おだじま・たかし）
1956年、東京都生まれ。早稲田大学卒業後、食品メーカーに入社。1年ほどで退社後、小学校事務員見習い、ラジオ局ADなどを経てテクニカルライターとなり、現在はひきこもり系コラムニストとして活躍中。著書に『人はなぜ学歴にこだわるのか』（光文社知恵の森文庫）、『テレビ標本箱』『テレビ救急箱』（ともに中公新書ラクレ）、『小田嶋隆のコラム道』（ミシマ社）、『地雷を踏む勇気』『もっと地雷を踏む勇気』（ともに技術評論社）、『その「正義」があぶない。』『場末の文体論』（ともに日経BP社）、『ポエムに万歳！』（新潮社）、『「踊り場」日本論』（共著、晶文社）などがある。

教養とは無縁な場所から

締め切りを過ぎているのに、書く気持ちになれない。

ある程度構想はできているのに、書き始めることができない。

理由は、よくわかっている。

「反知性主義って、オレのことか?」

と、心の暗い側の半分で、そう思っているからだ。

自分自身が、あらかじめ予測している厄介事だからこそ、人はかえってそれを避けて通ることができない。で、型どおりにつまづいて、落とし穴にハマりこみ、腰まで泥に埋まりながら、虚空に爪を立てている。

自己言及を含む論考は、必ず、ある段階で螺旋ループに陥る。さらには逆ネジのドリルとなって自らの心臓を抉る、というそのことがあらかじめわかっているからこそ、私は、手をつけられずにいたのだ。

もっとも、私自身の心中に、反知性「主義」と呼ぶにふさわしい筋道立った思想が畳まれているわけではない。あるのは、せいぜい「気分」と言ったほどのものだ。

昔から、なんとなくインテリが苦手だったという、それだけの話だ。

20代の頃は、あたりかまわず「腐れインテリ」という言葉を振り回しては、周囲を辟易させていた。困った酒癖だった。

私は、自分がインテリだとは思っていない。

仕事がら、学問的な本を読む機会もあるし、学生時代に背伸びをして難解な小説や社会科学書を読み飛ばした経験がないわけでもない。そういう意味では、おそらく、同世代の平均値から比べてみて、私は余計に本を読んでいる組に入るはずだ。そのほかの種々雑多なサブカル的教養の上でも、半可通ぐらいな立ち位置にはたどりついている。

それでも、私が、自分をいわゆる「インテリ」だと思わないのは、「知識」や「教養」を楽しめていないからだ。

私は、教養と和解できていない。知識と同化できてもいない。だから、書斎でくつろぐということができない。第一、本の読み方からして、「敵」に斬り込む少年剣士さながらだ。ゆったりと書物と親しんだ経験はついぞ無かったと申し上げてよい。

仕事の上でも、「直感で分からないことはどうせ分からない」と決めてかかっている。

原稿を書く際も、勉強したり、取材をしたり、文献を渉猟したりということは、まずしない。近頃では、ウィキペディアを当たることさえ意識的に避けている。

怠惰だからというだけではない。

なんというのか、自分のオリジナリティーが教養とは無縁な場所にあることを、自分で意識し過ぎていて、それで空回りしているのだと思う。

「勉強なんかしたら、ほかの書き手と同じになってしまう」

「ウィキペディア丸写しライターぐらい間抜けでみっともないものはないぞ」

「どうしてこのオレ様がいちいち他人の文献なんかにお伺いを立ててから原稿を書かねばならんのだ?」

てな調子で自分をたぶらかしながら、私はまんまと怠けおおせる。一連の手続きは、変更不能なサーキットを形成している。かくして私は、勉強が身を滅ぼすという明らかに本末転倒な理屈を、牢固として信奉している。なんということであろうか。

「知性」を「道具」としてとらえる人びと

東京の場末の町で生まれ育った者にとって、「反インテリ志向」は、あらかじめの宿命として気が付くとビルトインされている「天質」のようなものだ。

別の言い方で言えば、私の「反知性的気分」は、かなりの度合いで「地域的偏向」ならびに「階級的怨念」をはらんでいるということだ。

説明する。

私の地元である赤羽は、明治末期から戦後にかけて、東京に職を求めて来た人間が流れ着く、帝都東京の岸辺のような町だった。

私の両親も、大正末期から昭和の初期に生まれ在所を捨ててやってきた人間だ。父方も母方も同じだ。いずれも、従兄弟の世代になって、ようやく大学に進む者がちらほら出てきたが、それまで、一族の人間は、基本的には義務教育を終えて東京に出てくるパターンの人たちで占められていた。

小学校の同級生の両親を見回してみても、大学を出た人間はごく少数派だった。

つまり、私は、生まれながらにして「知識」や「教養」とは縁が薄かった。

私は、知性主義と反知性主義のうちから、私があえて反知性主義を選んだという筋立てのお話をしているのではない。

私の環境には、「非知性」の一択しか用意されていなかったという事実について私はご説明申し上げている。

特段に「知性」を憎んでいたわけではない。

あらかじめコンプレックスを抱いていたというのでもない。

ただ、読書に親しむ習慣や食後のひとときにクラシック音楽を聴いて過ごすみたいな形の文化資本を受け継いでいなかったという意味で、「教養」とは無縁だった。

生クリームのケーキさえ食べたことの無い子供が、ガトーショコラを食べたいと思うはずもないわけで、その子供を一人前のパティシエに仕立てあげるためには、人知を超えた魔法の力を借りなければならない。知識は学校で学べても、知識への敬意は本棚に金文字の背表紙が並んだ家庭で育たなければ身につかない。ということはつまり、教養主義は、主義であるよりは遺産に近いもので、教養そのものも、つまるところＤＮＡとそんなに遠いものではないのだ。

私にとって、「知性＝頭の良さ」とは、「テストの点数」それ自体を意味していた。

というよりも、

「テストで良い点を取れれば、誰も文句を言わないわけだろ？」

というのが、私の考える唯一の現実的なソリューションだった。

「偏差値」を、ダイレクトに「知性」であると考えるのは、知性主義ではない。そういうふうに「知性」を「道具」としてとらえる考え方は、大阪市長をやっている橋下徹という人の言動を観察してみればわかる通り、むしろ「反知性主義」の特徴だ。

橋下徹市長は、自分の「学歴」と「弁護士資格」と「弁舌」を「武器」として最大限に駆使している一方で、「学問」や「文化」には、敬意を示さない。「知性」そのものや「教養」に対しては、むしろ、敵意をあらわにしている。

とにかく、「知性」を単純化して考えたがるのは、どちらかといえば反知性主義の側のものの見方だ。

私は、子供時代を通じて、そういう見方をしていた。つまり、勉強なんて適当にやっつけてとにかく点を取ればＯＫなわけだろ？　と。

点を取ることは有利なことだし痛快なことでもある。が、点を取ることが人として素晴らしいことで、尊敬すべき達成なのだというふうにはあまり思わなかった。点取り虫はいけ好かないし、ガリ勉はみっともないと思っていた。

まあ、多くの小学生がそう感じているところでもある。

小学生は、知性主義者や反知性主義者である以前に、制御不能な享楽主義者で、点を取ろうとするのも、それが享楽に資すると思うからだったりする。

俗流「ヤンキー論」を排す

ここで、昨今流行りのいわゆる「ヤンキー論」について整理しておかねばならない。

というのも、「反知性主義」についてひと通りのことを書くためには、「ヤンキー論」との縄張りに、しかるべき国境線を定めておかねばならないからだ。そうしておかないと、せっかくの国土がヤンキーに蹂躙（じゅうりん）されることになる。そんなのは御免だ。

「ヤンキー言説」は、21世紀の日本社会を読み解くためのツールとして、有効なものの見方だと思っている。であるから、この着眼を広めた斎藤環さんの仕事には、敬意を抱いている。

ただ、「ヤンキー」という概念は、短時日のうちに人口に膾炙（かいしゃ）しすぎたせいなのか、含意が野放図に拡散していて、事実上使いものにならなくなっている嫌いがある。

「ヤンキー」は、単に「低学歴層」をボカしただけの言い方にも見えるし、「不良」や「ゾク上がり」の連中が称揚する一連の「美学」や「バッドテイスト趣味」の総称に聞こえなくもない。文脈次第では、「現場主義」の「体育会系」の「マッチョ志向」の「ホモソーシャル」が主導する「組織」や「団体」の統治理論を指すようでもあるし、「反リベラル」「反官僚」「反インテリ」で結束する志士オリエンテッドな政治的紐帯にも見える。

いずれであれ「ヤンキー」が、「反知性主義」の核を担う人々である点は疑いない。が、「ヤンキー」の語義は、あまりにも放埒に膨張している。一匹見たら三〇匹。まるで語義ぶりだ。こんな言葉をうっかり使うわけにはいかない。

ついでに申せば、「ヤンキー論」は、「インテリ層」が「非インテリ層」を断罪ないしは揶揄する文脈で援用されることの多い立論で、その結果、常に不要な形容詞に晒されている。「ヤンキー論」を振り回すのが、ほぼインテリ層に限られているのはご案内の通りだが、その論に耳を傾けているのも、実のところインテリを自認する人々だけだ。

このことは、この筋立ての論考が常に「あいつらは」「ヤツラは」という主語で消費されている状況を物語っている。これは、健康な事態とは言えない。

特に、「ヤンキー論」が論壇を一回りした後に、恣意的な引用や聞きかじりのコピペをネタに語られはじめている「ヤンキー言説2・0」は、事実関係の当否や論理の整合性よりも、ページビューを呼びこむ見出しのどぎつさや、読み物としての刺激の強さを重視している分だけトンデモ方向に舵を切った物語になっている。

よって、「ヤンキー」という言葉を無批判に大量使用している文章は、信用できない。参考にすらならない。

「マイルドヤンキー」の語義矛盾

近頃出てきた「マイルドヤンキー」なる後追いの述語は、さらに凶悪だ。

この言葉の周辺には、研究室の野心家が実験動物を扱う時の手つきに似た、ぞんざいな決めつけが横溢している。分析や定義のすべてが的外れだと言うつもりはないが、個人的には、生きて動いている人間を虫ピンで標本箱に止めるみたいな上から目線の決めつけっぷりがどうしても好きになれない。

マーケ屋くさい商売気にも閉口する。

なので、この言葉は使わない。

偏差値や学歴に対して懐疑的な層の若者たちが必ずしもそのまま非行に走らなくなっていること自体は、たしかに「マイルドヤンキー」言説を唱導している人間がまくし立てている通りなのであるのだろうが、それならそれで「マイルドヤンキー」などという誤解を招く表現を使用しなければ良いだけの話だ。

ついでなので言っておく。

マイルドだったら、そんなものはヤンキーではない。

そもそも、「ヤンキー」とは、「マイルド」であることをいさぎよしとしない人々を指す言葉だ。彼らは、「やるときゃやる」「半端無い」人間で、そういうふうに「極端」に「トンがって」生きることが、彼らの美学の核心を為している。

つまり、「マイルドヤンキー」は、「スリムデブ」とか「チビノッポ」と同様の構造を持った矛盾表現であって、そもそも用語として意味を為していない。

そんなわけなので、当稿では、「ヤンキー」という用語を、「非学歴志向の人々」ぐらいの意味に限定して使用する。そのつもりで読んでいただきたい。

「出来杉君」と「ヤンキー」の価値観の違い

小中学生の時代に勉強ができたのかどうかは、後の人生に、決定的な影響を及ぼす。

成績の良かった組の子供たち（←「出来杉君」と呼ぶことにする）は、優等生として次の学校に進学する。高校や大学の段階でしくじるケースもあるが、多くはそのまま学歴上位者として大学を卒業し、主としてホワイトカラーとして職に就く。

その間、出来杉君の人生観に大きな変動は無い。彼らは、子供時代そのままの、

「人間の価値を決めるのは頭の良さだぞ」

という価値観を、牢固として抱いたまま大人になる。

でもって、自分と同じ大卒者だけが住んでいる職業社会の中で暮らし、プライベートな時間のほとんどすべてを、同じ学歴的価値を信奉する大卒者との交際の中で過ごす。

ひるがえって、成績の良くなかった組の子供たちは、思春期を迎えるや、そそくさと変身を果たす。具体的には、自分を低く評価した「学校」なり「世間」なり「体制」なりを否定する視点から、自他を再評価しにかかるのである。

この彼らの「変身」は、かつては、典型的な「非行」としてファッションや髪型の上に視覚化され、その意味でサナギが蝶になる過程を思い出させたものなのだが、最近は、必ずしも外から見て一目瞭然な変化をするばかりのものでもなくなっている。

が、ともあれ、彼らは、ある日、

「おい、百点なんてのはガキの金メダルだぞ」

という衝撃的な事実に、突然、気づくのだ。

「この支配からの卒業」

と、尾崎豊は歌ったが、学歴的諸価値から解放された「ヤンキー」の少年は、その時点から、別の人間になる。

彼は、盗んだバイクで走りだすことはしないまでも、ともあれそれまでとは別の足取りで、別の人生を歩み始める。

まずてはじめに、自分に特有な「価値」を模索する作業をスタートする。ある者はクラス全員を笑わせることに狙いをしぼり、別の子供は腕っぷしで仲間を圧倒する作業に力点を置く。異性を魅了することや、スポーツのフィールドで目立つことを追求する子供たちもいる。どんなタイプのゴールを設定するにしても、彼らが、ある段階で、偏差値競争から「降りた」ことは間違いない。

「学歴競争から降りる」ことについての見方は、出来杉君とヤンキー層で、はっきりと違っている。

このポイントに対する評価の違いが、両者を二つの相容れない階層に分化させると言っても良い。

出来杉君は、学歴競争から降りることを「脱落」と見なす。

「要するに、デキが悪いからあきらめたってことだよね？」

と考える。「ドロップアウト」「敗北」「消滅」（実際に学歴競争から降りた人間は、出来杉君の視界から消える）。そういう感じだ。

ヤンキーの多くは、自分が敗北したとは考えない。脱落しているとも思わない。

「くだらねえから降りた」

「ダルいから勉強なんかやめたぜ」

「いい子ちゃんやってるのもいいかげんウザいからバイバイした」

というふうに、彼らは、自分が競争から降りたことを、肯定的にとらえている。

「ってか降りたっていうより別のステージに乗り換えたんだけどな」

ぐらいな力加減だ。

誰だって自分の人生を悪い風に考えたいとは思わない。

当たり前の話だ。

何かをやめて何かをはじめることは、誰の人生にもつきものの選択だし、やめたことのいちいちを敗北と受けとめなければならない義理もない。

この時点で「ヤンキー」の側の少年たちが獲得することになる「非学歴的な価値観」を、「学歴的な価値」の信奉者である出来杉君たちが、「ヤンキー美学」ないしは「ヤンキー主義」と呼んでいるというのが、「ヤンキー論」の実態なのだと私は考えている。

出来杉君（あるいは「インテリ自認層」）の側から見れば、「ヤンキー」は、なんだかいつも群れていて、型にハマっていて、見え透いていて、個体識別のむずかしい、単純で没個性なアタマの悪い人々ということになる。

じっさい、「ヤンキー論」の細部はほぼその種の記述で埋まっている。

が、「ヤンキー」の側から見た「出来杉君」は、出来杉君から見たヤンキー以上に型にハマったガチガチのロボットだったりする。なにしろ、小学生の時からものの見方が変わっていないのだからして。

「戦後民主主義」という優等生思想

もうひとつ、「ヤンキー」と「出来杉君」の間に断層を刻むことになるのが、「戦後民主主義」という優等生思想だ。

戦後民主主義そのものの是非については、ここでは問わない。

ただ、戦後民主主義を支えてきた諸価値が、ある時期から、「学歴的な諸価値」と同一視されるようになったことが、わが国の反知性主義を、単なる勉強嫌いの集合とは次元の違う、より政治的でより情緒的なクラスタに変貌せしめたことを指摘するにとどめておく。

戦後民主主義に含まれる思想の多くは、学校の教室で育まれ、授業を通じて伝播された一種の理想主義だった。日本国憲法に書いてある理想は、教科書が伝えるところのリベラルな家族像と社会観を体現し、また、一方において、人間は学べば学ぶほど向上するはずだという無邪気な知性万能主義を謳いあげていた。

しかしながらというべきか、だからこそというべきなのか、戦後民主主義にかかわりのある文言は、学校経由で伝えられることの多かった理想であるだけに、はじめから「授業」や「学問」と同一視される要素を多分に備えていた。

さらに、ある時期から後、「戦後民主主義」は、学校で学ぶ生徒たちから見て「体制」とみなされる存在になった。

「体制」ということになると、それらはただちに、「反抗」の標的になる。

これは、学校を舞台に展開される物語におけるお約束の展開だ。

教師が家父長的であり、学校が軍隊秩序的であり、世間の道徳規範がいまだ儒教的な色彩を強く残していた昭和中期において、「体制」は、「保守反動」の側にあり、それゆえ、「反抗」は、「左翼的」「リベラル的」ないしは「戦後民主主義的」な文脈の中で育まれ、若者から見た「カッコ良さ」もまた、左側に偏在していた。

ところが、21世紀に入って、教師が宥和的になり、学校がリベラルなポジションを取り、世間の道徳規範が個人主義に基礎を置くようになると、「体制」は、むしろ「戦後民主主義」ないしは「日教組」あるいは「リベサヨ」に定められることになる。

ということは、そこから逆算する「反抗」は、右側に立つことによってしか為し得ないというお話になる。

なんということだろう。

「偏差値」と「戦後民主主義」は、ともに「優等生くさい」「いい子ちゃんオリエンテッドな」「ガッコーのセンセーにほめられるっぽい」「ママのスカートに隠れてやがる的な」「いけ好かない」ガリ勉あっち行って死ね・アイテムに変貌したのである。で、ことのついでに、「朝日新聞的な」「筑紫哲也的な」「護憲リベラル的な」あれこれも、すべてひとっからげに「体制」に組み入れられ、みずみずしさを失い、ヤンキー連中の嘲笑と投石のタコ殴りのターゲットになったわけだ。

進行する「分断」のストーリー

標的はもうひとつある。

戦後民主主義がもたらしたリベラルな秩序の大きな部分は、戦前的な「門地」「血統」「縁故」に代わって、「試験をパスした人間」が優遇されるという形で具現化されたものだ。学力試験（官僚の場合は採用試験）による採否や人事評価は、画一的、一面的である弊害を持つ半面、様々な情実を排する意味で人事の明朗化に貢献した。

とはいえ、現実の制度をドライブしている以上、「試験」は「体制」として認定される。

ということになると、「試験をパスした人間」の象徴としての「官僚」と「マスコミ」、さらに「試験を課す人間」としての「大学教授」と「日教組」あたりは、「学歴主義的」な「体制」の黒幕として、反知性主義者の憎悪を糾合することになる。

さきほど、橋下徹大阪市長の話をしたが、彼は、「官僚」ならびに「マスコミ」および「インテリ」（彼の用語では「自称インテリ」ということになるわけだが、橋下市長はいったいこの国のどこに自分で「わたくしどもインテリは」と呼ばわっている知識階級が住んでいると思っているのであろうか）を、ひとまとめにして、「既得権益層」と呼んでいる。

彼の論法からすると、選挙で当選した政治家は民意を代表しているが、試験をパスしただけの人員である官僚は、民意よりも制度を代表する存在で、とどのつまりは既得権益層だってな話になる。

どこからどう見てもおよそ粗雑な理屈だが、道具立てが単純なだけに、かえって不気味な飲み込みやすさを備えた喩え話に仕上がっている。で、事実、このテの寓話は試験と教室序列を呪詛しているタイプの現場主義者には受けることになっている。

そういう意味で、「東京の大学に進学して東京の一流企業や中央官庁に就職する人間」を、「既得権益層」として、そのいけ好かない「東京もん」（↓木で鼻をくくったようなエリート面の官僚や知識人）を、自らの支持層であるナニワの庶民の仮想敵に仕立て上げた橋下市長の政治センスは、やはり、卓抜だったと申し上げなければならない。

おかげで、橋下流の陣中作敵戦術は、21世紀の日本のポピュリズムの新しいスタンダードになった。

実際、安倍首相ならびにそのブレーンが採用している演説原稿は、橋下市長が発明した藁人形敵対劇場を若干マイルドに焼き直したものに過ぎない。

マスコミ嫌い、インテリ敵視、官僚アレルギーは、ほとんどそのまま橋下戦術の二番煎じだし、彼らのオリジナルといえば、ＥＸＩＬＥ、ＡＫＢ48といったポップカルチャーを取り込みにかかったクールジャパン戦術だけみたいなものだ。

で、そのどうにも薄っぺらなクールジャパン煽りが、なんだかんだでぼんやりした若い人たちの心をとらえていたりする。

ということは、われわれの国は、このまま、一本調子でヤンキー化し、粗暴化し、右傾化して反知性化したあげくの果てに戦前に回帰するのであろうか。

おそらく、そんな単純な形で展開することはない。――というのは、私の希望的な観測に過ぎないのかもしれない。

そうならないことを私は願っている。

個人的には、反知性主義をめぐる議論は、知性云々を軸にした対立であるよりは、「分断」のストーリーなのだと思っている。

つまり、現在、この国で、若い層を中心に、人間を二つの階層に分断する動きが進行しているということだ。

あくまでも、メインのテーマは「分断」そのものにある。

で、人々の集団を二つに切り分けている元凶として「学歴」にスポットが当っている。

反知性主義の集団が立ち現れているように見えているのは、その学歴による「分断」の切断面が、偏差値序列の地層を残しているからだ。

最初に知性を軸とした対立があって、その結果として、人々が二つの陣営に分裂しているのではない。

順序としては、分断が先にやってきていて、その分断を生み出したものとして、「知性」が悪役に仕立てあげられている。ここのところを間違えてはいけない。

われわれは、分断されつつある。で、その結果、二つに分断されたそれぞれの集合の、知性に対する態度の違いが顕在化しているということなのだ。

思うに、われわれは、知性みたいな些細なことで対立することはやめて、なるべく早い時期に、きちんとした再分配のある、マトモな社会を取り戻して、この分断の進行を阻止しなければならない。

生涯を決定づける分断は15歳のときに

最後に、学力が分断のキーとなっている点について、実例を通して見ておくことにする。

学力は、子供を地元のコミュニティーから引き剥がす役割を果たしている。

この学力のはたらきが、人々を二つの陣営に分断する端緒になっている。

学力による生徒の分断は、中学生が高校に進学する時に最初に表面化する。

地元の小中学校に通っている場合、勉強の出来がどうであれ、近所の子供は同じ小中学校に通うことになっている。だから、試験期間中はいざしらず、放課後や登下校において、子供たちの間に目立った亀裂は生じていない。

もっとも、最近は中学校に進学する段階で、私立を選ぶ子供が増えているので、その場合は、別れが3年早まることになる。

ともあれ、地元の区立中学校を卒業すると、地元のコミュニティーとの縁は、その時点で一旦切断される。

高校生は、より広い地域の、学力においてより近いクラスメートと出会い、その学力的な近縁者たちと付き合うことになる。遠慮の無い言い方をするなら、生まれてからしばらくの間、地域をキーに分類されていた子供たちは、15歳を過ぎると、学力を基準に再分類されることになるわけで、この時の分類が、彼らの生涯を決定づける最も基礎的な分断になる。

で、大学に進むと、人は故郷を捨てる。

『三四郎』の昔からそういうことになっている。

『アメリカン・グラフィティ』を見ると、中心的なエピソードは、東部の大学に進学するために故郷の町を去るカートの話になっている。このことは、60年代のアメリカにおいても、青春は、故郷の喪失を前提とした概念だったことを示唆している。

一方、この映画では、地元から出発できない年かさの少年（ジョン）の鬱屈が重要なサブストーリーとして作品の骨格を支えている。というよりも、カートとジョンのエピソードを通じて、町を出て行く少年と地域に閉じ込められる少年の間に生じるであろう断絶を示唆していると言っても良い。

出発できない少年は、思春期から外に出ることができない。

「バディ・ホリーが死んだ時、ロックンロールは死んだんだ」

とジョンが言うのは、彼にとって、自分の青春が既に死んでいることの表明でもある。

本物の階級が形成される前に

私の住んでいたあたりでは、大学に進んだ人間は、成人式に出なかった。今は知らない。出るのかもしれない。が、おそらく、「ジモティ」には、あまり参加できないはずだ。

大学を出て5年ほどたった頃だろうか、地元の商店街を歩いていて、10人ほどの男女の集団に声をかけられたことがある。

「おい、オダジマ」

振り返ると、中学時代の同級生たちだ。特別にクラス会という形をとることもなく、彼らは、時々集まって飲んだり遊んだりしているようだった。で、その日は、私もゲスト待遇で参加することになった。「ゲスト待遇」という書き方をしたのは、集まったメンバーの中で、大卒は私だけだったし、その私は、結局最後まで「お客さん」扱いだったからだ。

話が合わないとか、邪険にされたということではない。それなりに楽しく飲めたし、旧交をあたためたと言えばそうも言える。ただ、心外だったのは、私が終始「優等生」という役柄を担わねばならなかったことだ。

おいおい、数学のO崎に一番たくさん殴られたのはオレだぞ、と私は訴えたが、

「それだけ目をかけられてたってことだろ（笑）」

てな調子で一蹴された。しかも、私は、登下校の道筋でいじめられたことになっている。

「えっ？」

「ほら犬のクソを踏ませただろ？」

確かに踏んだ。

でも、あれは下校時間に一時期流行したゲームの中の話だ。要するに私が偶然ジャンケンで負けたというそれだけの話じゃないか。

なのに、彼らの記憶の中では、私が優等生で、犬のクソを踏まされるタイプのいじめられっ子だったという話になっている。

私は、かなり執拗に抗弁したが、多勢に無勢、相手にならなかった。

つまりアレか？　ワセダ大学に進学した秀才のオダジマは、勉強ばっかりしてる先生のお気に入りだったということになるのか？

冗談じゃない。

オレがO崎に殴られている時、巻き添えを食うまいとして青い顔をして下を向いていたのはM本よ、お前じゃなかったのか?

こんなふうにして分断は進む。

で、いつしか大卒者は大卒者としか飲まないようになり、高卒組は自分と同じ境遇の人間とだけツルむようになる。

もちろん、二つのクラスタの間に特段の対立があるということではないし、本当の意味での知的な格差が介在しているわけでもない。

でも、放っておくと、格差は、じきに本物の階級を形成するかもしれない。

仮に、そうなってしまったのだとすると、中学校の同級生は二度と打ち解けることができなくなる。

知性は大切なものだ。

そして、学問はありがたいものだ。

私たちはそれらを自分たちの手に取り戻さなければならない。

テストの成績をネタに友だちと引き離されたことを、私たちは、心の奥底で恨んでいる。

で、犬のクソを踏まされた子供が犬嫌いになるみたいにして、学問に敵意を抱いたりしている。

心の中の話をするなら、ヤンキーであれ、非ヤンキーであれ、われわれは、多かれ少なかれ、小中学校時代に成績順にソーティングされたことからの治癒過程を生きている。成績の良くなかったヤンキー層が成績順に並べられたことの屈辱を忘れていないのは当然なのだとして、成績の良かった組の子供にしたところで、競争に駆り立てられることが必ずしも自分を幸福にしてくれたと思っているわけではない。

厄介な話だ。

大学入試を学力選抜から人間力重視の入学試験に切り替えたからといって問題が解決するわけではない。

そうなったら、階級が階級を選抜するようになって、われわれは何を恨んで良いのかわからなくなる。

まあ、安倍さんの狙いは、案外そのあたりにあるのかもしれないわけだが。

身体を通した直感知を

名越康文×内田樹

名越康文（なこし・やすふみ）
1960年、奈良県生まれ。精神科医。相愛大学、高野山大学客員教授。専門は思春期精神医学、精神療法。近畿大学医学部卒業。大阪府立中宮病院（現：大阪府立精神医療センター）にて、精神科救急病棟の設立、責任者を経て、1999年に同病院を退職。引き続き臨床に携わる一方で、テレビ・ラジオでコメンテーター、映画評論、漫画分析など様々な分野で活躍中。主な著書に『驚く力』（夜間飛行）、『自分を支える心の技法』（医学書院）、『どうせ死ぬのになぜ生きるのか』（PHP新書）などがある。

最初に欠落感ありき

内田　今回のテーマは「日本の反知性主義」です。僕もまだ自分の原稿を書いてないんですけれども、せっかくの機会だから、名越先生のお話をうかがいながら、自分の論点を探そうかなと思って。そういう一石二鳥的意図で今日はお話しさせて頂きます。

名越　でも、こんなのとても語りきれる内容じゃないですよね。いきなり問題発言かもしれないけれど、臨床家ってある種肉体労働者じゃないですか。昔から、インテリというのはいわゆるホワイトカラーで、ブルーカラーが肉体労働者、みたいなすごいステレオタイプな分類があって、その分類からすると自分はブルーカラーだろうと思っているんです。そういう意味では、世の中なんでこんなバカが多いんだって思うたびに、おまえもバカだろう、みたいな感覚が僕にはつきまとうわけです。いま、反知性ということはもちろん感じるけれど、知性と反知性というところに一つの線引きをするときに、その引いた線で自分の太股が切られるみたいな感じがあって、しゃべりやすいようでしゃべりにくい土俵ですよね。

僕の親父はいちおう大学を出たんですけど、医学部に行きたかったところ、家が貧しくて浪人できなくて薬学部に行って、医者になりたかったのになれなかった無念がどこかにあったり、自分はすごい田舎者だという劣等感があって、30代になって必死に本を読み出した人なんです。だから本棚ががちゃがちゃで、司馬遼太郎は並んでる、堺屋太一は並んでる一方で、サルトルはある、ニーチェはある、ポーはあるという状態だったわけですね。平凡社の百科事典もいきなり買って、届いた日に「おまえはこれで勉強するんだ」って僕は訓示を受けました。つまり、知性の枯渇というか、知性の希少性という感覚を、僕は父親から有形、無形ですり込まれてきたわけです。父親が言ってくる、「本を読まなあかんよ、本を読まなあかんよ」という説教には反抗して、逆に僕は本を読んでるふりだけして、本を読まない中学生になってしまった。でも、その知性に対する渇望、焦燥、てらいというものだけは、ものすごい刷り込まれたんですよね。

内田 親の欲望、親の抱えていた欠落感って、子どもにダイレクトに伝わりますね。不思議なもので、「親が持ってるもの」はそれほど遺伝しないんだけども、「親が持ってなくて、欲しがっていたもの」って、子どもにそのまま遺伝する。

名越 ほんとそうですよね。

内田 これがなくて俺は苦労した、これさえあれば……という、「無いもの」に対する同性の親の欠落感は、同性の子どもに深々と刷り込まれるみたいですね。

名越 だと思います。だから僕は変な矛盾があって、一方では親から本を読め、本を読め、自分は読みたくても読めなかったけど、お前には本だけはどんなに高い本でも買ってやるから読め、って言われると逆に読みたくなくなって、それで映画とテレビばっかり溺れるように観て、活字というものだけがくっきりと抜け落ちることになった。それがようやく33ぐらいになって、あれっ、俺は圧倒的に知性が欠けてるんじゃないかと（笑）。そこから猛然と、毎晩12時から夜中の3時まで、哲学書を読みあさったり、ドストエフスキーとかゴリゴリした小説ばっかり読みあさるような時期が6、7年ぐらい続いて。

内田　1日3時間5年ぐらい集中的に読書していると、だいたい読むべき本というのは一通り読み終わるでしょ。意外に早いんですよ、これが。

名越　そうなんです、そうなんです。

内田　10年くらいのビハインドだと、早い人だと2年で追いつけるんじゃないかな。一通りみんなが読まなきゃいけないと思ってる本は読んでしまって、ほっとして話してみると、実はみんな題名を知ってるだけで読んでなかったり（笑）。

名越　そうそう。あれっ、廣松渉（ひろまつわたる）って読んどかなあかんの違うの？　でも、誰も読んでない、とかね。

内田　そうそう、けっこうあるの。みんな名前は言うし、本のタイトルも引用するけど読んでない。僕は高校が生意気高校生の巣窟みたいな学校だったから、最初のインパクトはそこで来ました。いきなり読んだことも名前を聞いたこともないような書物の話を上級生たちがしているでしょ。これは大変というので、手当たり次第に読み始めた。最初はニーチェから。そのときに、キャッチアップってけっこうすぐ済むっていうことは学習しましたね。高校2年生のときはいっぱしの論客になっていたから。

名越　僕はそれが30代で突如として来て、圧倒的に遅れてきた者という感覚があるわけです。だから一方では精神科医をやりながら、一方では深夜になったら哲学書を読んでるという不思議な二重生活をずっとやっていました。

内田　それはいつでもそうなんじゃないかな。教養主義とか知性主義って、「みんな知っていることを俺だけ知らない」という焦燥感から発動するんだけれど、その焦燥感が訪れる時期は人によって違うでしょ。高校の時に来る人もいるし、大学で来る人もいるし、30過ぎて来る人もいるし。みんないろいろだけど、基本的なマインドは一緒。

名越　でもそのときに、ああ、クラスがあったらなと思いましたよ。もうその時はクラスがないでしょう。僕が救急病棟にいたのはまだ33〜34の頃だけど、僕がトップなわけで、一匹狼というか、離れ狼みたいになってた。

内田　ロールモデルが身近にいなかったんだ。

名越　いない、いない。クラスがあるとわかるんですよ、自分がどれぐらいの位置かということで。だから当時は五里霧中な感じだったんです。

内田　そうか、高校大学の頃はクラスがあるので、読み出して半年くらい集中的に勉強してると、「ランキング」が上がったのがわかるものね。あいつを抜いたとか（笑）。

名越　わかります、わかります。隣のクラスの人を見たら、えっ、俺は今までニーチェとかいきって読んでたのに、ボードレールってなんや、ジャン・コクトーってなんや、というようなことになったり。めちゃめちゃ映画を観てるやつとかもいたりして。

内田　そう、必ずいるんですよね。みんな専門分野が違うけど。でも、それが一番健全というか、一番標準的な成熟過程なんじゃないかなあ。「キャッチアップ幻想」に取り憑かれたことがなくて、ただ淡々と自分の読みたいものだけを読みたい順に読んでいったら大教養人になりました、ということはふつうないんじゃないかな。

知性を駆動させる源は「負けず嫌い」？

名越　それで、知性／反知性ってなんだろうと言ったら、まず知識の量の問題ではないですね。知性を求めるって焦燥感から来てるわけだから、ある必須条件は、やせ我慢とか、もっと言えば負けず嫌いみたいなもの。勝ちたいと思ってるわけじゃないんだけど、どこかきりくるような負けず嫌いの感覚が基本にあると思うんですよ。負けず嫌いというと、言葉はちょっと違うかもしれないけど、でも既存の言葉ではそれとしか表現できないんですけどね。

内田　誰かと競争してるわけじゃないのにね。

名越　全然ないんですよね。この焦燥、枯渇に対して、なんとかそれをキャッチアップしなければならないという感覚を表す言葉、ありませんでしたっけ？

内田　「キャッチアップ幻想」そのものじゃないけど、昔、伊丹十三がそういうものを指して「ミドルクラス」っていう言い方をしていたことがあるなあ。ピエール・ブルデューの文化資本論がありますね。文化資本を豊かに持っている「文化貴族」は、芸術についての趣味のよさでも、マナーでも、言葉遣いでも、そういうものが生まれつき備わっているので、自分が文化資本を持っているということ自体に無自覚。一方、生まれつきの文化資本は備わっていなくて、後天的に学習して身につけねばと思っている人たちは文化資本に高い関心を示す。ヨーロッパは階層社会だから、生まれつき潤沢な文化資本を所有している上流階級が一方にあって、文化資本にまったく関心を持たない下層階級があって、その間に挟まれたミドルクラスの人たちが文化資本の欠落に対して過剰に自覚的になる。「お育ちのよい人」に固有のふるまいや語り口に自分の方から勝手に気後れを覚えてしまうんですよね。結局、文化資本の価値を形成しているのは、ミドルクラスの人々の上流階級への「憧れ」なんです。悔しい、どうしてああいうふうに自然体で美術や音楽について語れないんだろう……という焦りでジタバタする人間が登場することによって、初めて文化資本というものが価値物として出現してくる。

名越　いや、ほんとにそうですね。

内田　ミドルクラスの抱く欠落感というか焦燥感というか、それが1、2世代かけて、僕たちみたいなのを創り出すんじゃないかな。

名越　それってある種の執拗さというか、生きていく上でなんら必要じゃない熱さなんですよね。しかも、「アチチ！」というぐらい熱いんですよ。全体じゃなくてごく一部が。

内田　その満たされない何かがひたすら我々の精神活動を駆動している。

名越　そう、その狂おしい駆動力というのは、既存の言葉で言うと……。

内田　「負けず嫌い」というのは相対的な優劣なわけだけど、それじゃないよね。自分が他人と比べて知的に優位であるとか、劣位であるとかいうことを競って、勝ったからといって、それで安心するということではないわけだから。

名越　全然違うんですよ。いわゆる、「ああ、この子は負けず嫌いだから」っていうのと違って、命懸けになるくらい、もっと深いところで激しいものなんですよね。僕が内心師匠だと思ってる植島啓司先生が、日本棋院の少年部に入っていたときの逸話があるんです。少年部に入っていた、まだ小学校2年生とか3年生の時の植島少年は、当時それこそ天才少年だったわけですけど、ある時大人の上手い人と指して初めて負けるんです。それは負けますよね、向こうは40、50の人なわけですから。そうしたら、その日から一週間ぐらい不眠不休で悔しがったんですって。それで親が、これでは死んでしまうと、日本棋院を辞めさせるんですよ。でも、その悔しさって、そのおっさんに負けた悔しさとちょっと違うでしょう？質的にとか量的にとかいうより、密度が違うわけです。その話を聞いて、僕はやっぱり知性に対する不退転の意気地というか、どうしようもなく燃え上がっているものが根本にあって、それがその人の人生観とかも全部形作るコアになっている人間がいて、そんなのは自分だけだと思っていたら、実は人口の5％か10％ぐらいはそういうやつらだった、という話じゃないかと。

内田　とてもわかりにくい説明でしたけども、僕にはよくわかりました（笑）。

名越　すいません（笑）。

内田　競争じゃないんですよね。勝った、負けたじゃない。たとえばある書物をめぐる論争で仮に勝ったとしても、そのことと、その本の内容をよく理解していて、自分の中に血肉化しているということとは全然違うことだから。この本の中身のことなんか全然わかってないんだけれども、適当なことを言ったら論争で勝っちゃった、ということって本当にあるわけで。それは少しもうれしくない。

名越　うれしくないんです。

内田　それよりも、「内田、おまえ全然わかってないよ」と言われても、「いや、俺はわかってる」と自分で確信がある方がうれしい。「俺にはわかっている」ということがお前にはわからなくても、俺にはわかっているから、いいの。

渇望状態にあると生命力は上がる

内田　たとえばあることについて、ああ、俺はこの分野に関して全く知らなかった。よし、勉強しようと思って、それに関する文献をあれこれ集めてくるとするじゃないですか。そうすると、まだ1ページも読まないうちからなんとなく健康状態がよくなってくる、ということありません?

名越　ははっ、わかります、わかります。

内田　わかるでしょう?　自分が「学びのモード」に入ったときって、何かが変わるんですよね。まだ1ページも読んでないんだけれども、それ以外の日常生活のクオリティが全部上がる。なんというか、毛穴が開いてる感じになるというか。

名越　ああ、わかる。

内田　さあ、俺はこの部分については知らなかったんで、これから勉強するぞって新しい領域に踏み込んでゆくときの期待感でわくわくしている時って、他の友だちと全然関係ない話をしていても、コミュニケーションがすごくスムーズになるでしょ。ガールフレンドとでも、ああ、君が言いたいことはこういうことなんだねということがすっとわかったりする。生活全体の調子がよくなる。その本自体はまだ一行も読んでいないにもかかわらず（笑）。

名越　いや、ほんとにわかります。クオリティがあがる感じ。

内田 自分の欠落感の輪郭を鉛筆でなぞって、このへんにボコッと大きな穴があるのを発見して、さあよし、これからこれを埋めていこうと思った時の方がなんだか生物として調子がいい。

名越 調子がいいんです。どこか欠落があるほうが調子がいいんです。

内田 欠落感と焦燥感のせいで不思議なことに生き物としては絶好調になってしまう（笑）。

名越 なんでしょう、恋の病と似ているようで、でも全然違うところもありますよね。

内田 そうですね、初恋の感覚に近いかも知れない。角の花屋のおねえちゃん、かわいいなあ、声かけようかなあ、でも話題ないしな……とか思っていて、思っているだけで何もしてないんだけど、そういうときって、ふと空を見上げると、星空がきれいに見えたり、四季の移ろいが妙に身にしみたりとかするじゃないですか。それと似てますね。

名越 だからそれは、純粋に知りたいという欲望だけだからですよね。相手をどうこうして、ちょっと髪形変えてくれないかな、みたいなことになると、一気に地に落ちて、今度は地獄が始まるじゃないですか。そうじゃないんです。もうそのままを知りたいというだけ。たんに丸のままを知りたいだけなわけですから。

内田 そうそう、だって名前も知らないんだからね。

名越 そうです、それにちょっと近いな。しかも、それが花屋のおねえちゃんだとそこにしかいないけど、知はどこへでも持って行けるし、どこででも思索できますからね。知性を求めるって、そういう喜びなんです。

内田 知性主義とか教養主義とかいうと、実体としての知識や教養があって、それを努力して獲得すると「いいこと」があるというふうにどうしてもみんな考えるじゃないですか。でも、それは違うと思う。そうじゃなくて、知識なんか獲得なんかしなくてもべつにいいわけで。獲得したいなあと思うだけで心身の調子がよくなる。それが知性主義、教養主義の本質なんじゃないかかな。教養は大事だから努力して身につけましょうって先人たちが脅かしてきたのは、知的欠乏状態というものを感じることそのものが人間の生命力を高めるということを知っていたからでしょう。アンデスの高原で全然水気がないところで育てられたトマトが、空中の水分を必死になって摂取するために繊毛が密生するのと同じで、ある種の欠乏状態に置いておくと、生存機能が向上する。

名越 ものすごい上がりますよね。そういうことって、みんな経験あると思うんですけどね。

古い歌謡曲の持つ文化空間

名越 僕がもう古い人間になってしまったからなのかもしれないんですけど、反知性主義というのがどういうものかということを考えるとき、知性と反知性でどっちが正しいということはないだろ、ということも思うんです。いちばん初めにそれを感じたのは、歌の歌詞なんですよね。歌詞が、ある時から全然響かなくなったんですよ。

例えば、昨日梅田のほうで会議が長くなったんで、もうへとへとになったからタクシーで帰ろうと思って、御堂筋をずーっと走ってたんですよ。そのタクシーの運転手さんがなかなかしゃれた人で、昔うちの妻と結婚したばっかりの頃に、ここ歩こうかと言って冬に歩いたんだけど、当時は今みたいにイルミネーションもなくて真っ暗だったけど、やっぱり若かったから歩くだけでなんか楽しかったですね……とか、いい話をしてくれるわけですよ。その時に、僕の頭の中に「雨の御堂筋」が鳴ってたんですよ、欧陽菲菲の。

僕はだいたいが洋楽趣味で、洋楽ばっかり聴いてたんだけど、30代になってきたあたりで歌謡曲の歌詞を聞いたら、通俗的な感じやベタついてる感じはあっても、そこに一つの文化的空間があることがだんだんわかってきた。反対にその頃くらいから流行り出した新しい歌のほうが、哲学的な言葉が出てきたり、君と僕とは違う価値観を持っているんだ……みたいなフレーズが出てきたりして、一見知性的に見えるんだけど、客観的に見ると自分の内面ばっかり歌っていて、昔の歌詞のほうがずっと心にフィットするということがあった。ある時から歌の歌詞というものの中に、ほとんど共感できなくなったということが、やっぱりすごく大きいんです。なんでしょうね、言葉で言っちゃうことは知性じゃないというか。今でもやっぱりワクワクするような哲学書とか読んだりしてると、ベタに言ったら真理であったり生きがいであったりすることについて、絶対に「これだ」と言わない形で周辺をぐるぐる、ぐるぐるなでるような書き方がなされてるでしょう。知性というのは、絶対言葉で表現しえないものを表現しないまま表現する時に、その緊張関係の中でものすごいスペクタクルが立ち上がってくるみたいなことがあって、そういうものが歌謡曲の歌詞の中にあったような気がするんですよね。

だから昔の歌謡曲の歌詞って、何かを隠しているでしょう。「折れた煙草の吸殻であなたの嘘がわかるのよ」っていうのも、ほんまにベタな歌謡曲だけれども、何かを隠してる感じがあるじゃないですか。でも、今の歌って何かを雄々しく訴えかけるんです。その圧倒的なベクトルの真逆さが、僕を完全に不感症にさせてるという感じはありますね。

内田 ああ、なるほど。だんだんわかってきたぞ、反知性のありようというのが。

名越 だって、「折れた煙草の吸殻で」なんて、なんやねこのゲスい歌、しかも男が歌って。中条きよし、もっとスカッとした歌を歌えよ、とか――中条きよしさん、ごめんなさい。今はもう大尊敬ですよ――中学校、高校の時の僕はそう思ってたんです。でも、今から考えたら、何か圧倒的なものを、しかもひけらかしているようで隠してるというか、メソメソしながらも何かを隠してるというか、なんかそういう二重三重の構造があるわけですね。

内田 だいたい女の気持ちを男が歌ってるしね。

名越 そうでしょう。

内田 男たちが歌う演歌って、ほとんどが女の気持ちを歌ってるしね。

名越　それをごっついカッコええ、こんな襟の派手な濃い顔の男が歌うでしょう。

内田　「女の道」とかね。

名越　もうすごい、格さん助さんよりもでかい顔のぴんから兄弟が歌うわけで。あともう一つ、唐獅子牡丹。これは僕、歌詞の一番から泣くんですけど、「幼なじみの観音様にゃ、俺の心はお見通し。背中で吠えてる唐獅子牡丹」じゃないですか。「幼なじみの観音様にゃ」って、親しいように見えて、俺には知性はないという、知性に対する欠落を笑ってる歌のように感じるんですよ。自分はだめな人間だと、もう俺はヤクザになってしまって、社会から鼻つまみ者になってしまったんだと。慎ましやかに一生懸命コツコツ働いてる一般庶民は、その観音様に手を合わせて、観音様に足の裏を向けて寝ないという生活をしてるわけだけれど、ヤクザになった自分は、そんな価値ももう投げ捨ててしまった。だからわざと悪びれて「幼なじみの観音様」って言ってるわけだけど、でも「俺の気持ちはお見通し」って、やっぱり観音様にすがってるところもあって、ものすごい振れ幅がある。観音様の有り難ささえ俺はわかってない、こんなバカな人間なんだという粋さなんかにも通じる偽悪趣味と、でも、その観音様は俺の気持ちはお見通しで、やっぱり観音様の掌の上に自分はいたいというような、幾重に解釈してもスリップ・アウェイしてしまうような、そういう複雑な心情がたった5行ぐらいの詞の中に感じとることができる。本当に小学校とか中学校しか出てないと通俗的にいわれるような大衆の心情にもダイレクトに響いてくるようなものが、歌謡曲の一端にはあって、それは今の歌とはちょっと真逆のベクトルの感じがありますね。

「渡世の仁義」の身体化

内田　このところ追悼・高倉健月間なので、僕も今『昭和残侠伝』全9作を毎晩1本ずつ観てるんです。そこでわかったことがあるんです。これはたぶん吉本隆明の大衆論にも通じることなんだと思うけど、彼らの世界では、知識人の知恵とは違う「生活者の知恵」をどれくらい深く身体化しているかが「貫禄の違い」になって顕在化するというのが見ててわかったの。ヤクザたちの戦いって、実際に殴ったり蹴ったりというのではないんです。まずは言葉でやりあう。そのときの「あんたの言い分はちょっとことの筋目が違うんじゃねぇか」と言うときの言葉の重さがどうも貫禄の内実らしい。何が彼らの貫禄の差を形成しているのかというと、それは結局彼らの業界的な常識であるところの「渡世の仁義」がどれくらい身体化されているか、その程度の差だと思うんですよ。渡世上の生活規範をどれぐらい深く正確に身体化しているか、それを競い合っている。規範を頭で覚えている人間と身体に入って血肉化している人間では、一つの問題について白か黒か判断の速度が違うんですよ。『昭和残侠伝』って、結局全作品そうなんだけれども、高倉健はほかのヤクザたちより個別的な問題に関しての判断が速くて、かつぶれない。「渡世の仁義」は彼にとって書物的な知識じゃない。

名越　わかる、わかる。仁義が身体化してるから、どんな応用問題も解けるわけですよね。

内田　そう全部解けるの。初めて出会う問題でも、それはこうだと即答できる。殴り込みのときに必ず弟分が「兄貴、俺も行くよ」とか言うじゃないですか。そのときに花田秀次郎は必ず「俺一人で行く。おまえたちはついてくるんじゃねえ」と言うんだけど、その「ついてくるんじゃない」というのは頭で考えた理屈じゃなくて身体化した倫理から出る言葉なの。だから、弟分には「ついてくるな」と言うくせに、池部良演じるところの風間重吉が「一緒に行かせておくんなせえ」と言うと、これは黙って受け入れる。このダブルスタンダードの理由を秀次郎は説明してくれないんだけど、こちらはなんか納得してしまう。この諾否の基準はどう考えても明文化されたルールじゃない。いくつかの変数を一瞬のうちに演算処理して判定を下している。それができる人が「渡世の仁義」を内面化した侠客。だから、そういう「本筋の侠客」は向こうに有象無象がいて、こちらが一人でも、貫禄だけで場を制圧してしまう。

名越　まったくわかるなあ。

内田　だから花田秀次郎と風間重吉と二人で殴り込んで行く時、悪い組のやつらは、「死んで貰うぜ」と言われた時点で、自分たちのふるまいが渡世の仁義に反していることを実は受け容れているんですよね。もちろん「返り討ちにしちまえ」ということになるんだけど、それでも自分たちが業界の規範を逸脱しているということについての負い目からは逃れられない。その一抹の疚しさが彼らの戦闘能力を下げてしまう。だから斬られちゃうんです。

名越　圧倒的な存在感でやってくる相手に対して、数ランク違うというか。

内田　ランクが違う、格が違う、貫禄が違う。それがはっきりわかる。実際に秀次郎は腕っぷしも強いわけですけれど、でも、彼の強さを形成している本質は腕力じゃないですね。博徒とか、テキ屋とかの渡世人の世界にはそれぞれ固有の職能民の歴史があって、その中で練成されてきたルールがある。それを深く内面化した人物とそうではない人間では職能民としての格が違う。

　片岡千恵蔵が「剣の親分」という役で出てくる『人斬り唐獅子』の中で片岡千恵蔵が、皆川組という一家のできの悪い二代目の後見人になって欲しいと秀次郎に頼む場面があるんですが、その推薦の辞が、「あんたのような渡世の世界のしきたりの裏も表も知ってる男が後見してくれたら、二代目もいろいろ学ぶことができるだろうよ」というものなんです。後見役に期待されているのは、ケーススタディの先達なわけですよ。一緒に渡世のさまざまな場面に遭遇して、そのつどこういう場合はこうふるまう、この場合はこうするのが筋目ということを先達に教えてもらっているうちに、それらを貫いている原理がわかってくる。それがわかってようやく一人前。基本が身に付けば、応用問題が解ける。映画を観ながら、ほんとにそうだよなと思って。

名越　いや、先生、ヤクザ映画と比べるからよけい象徴的なんですけど、仏道とも一緒ですよね。お坊様が出てきた瞬間に、おおーっと、みんなが何かに感服するのか、いくらいいことを言われても、うん、いいことを教わったというレベルなのかは、もうまったく身体化の違いですよ。彼らにはある種の戒律というものがあって、たとえば真言密教では、菩提心（自分は人を救って生きるんだという決意）を因として、大悲（人に対しての哀れみ、あるいは共感）を根として、それから方便（その人が今困ってることに少しでも肩入れをする、目の前の問題を共に解決していく）を究竟とする、これが大乗仏教の三つの柱と説くんですが、こうした菩提心があるかとか、大悲の心があるかというのも、その佇まいの中に否応なしに現れてくるんですよ。それってまったく『昭和残侠伝』と同じ基準なんですよね。世界は違うんだけど、型というか、システムというか、構造はまったく一緒で。やっぱり場所が変わったり、職業が変わったりしても、変わらない何か一つの構造がそこにあるのかなって、今なるほどと思って聞いてたんですけどね。

内田　どんな職能でも、どんな階層でも、それぞれに固有のエートスがあるんですよね。それをどれぐらい深く身体化しているかによって、集団内部的な格付けが決まる。吉本隆明が「大衆の原像」とか、「したたかな生活者の知恵」といった言葉に託していたのは、そういう職能民の経験知だったんじゃないかな。「生活の知恵」というのは、どういう技術を使ってどういうふうに生活費を稼ぐという話じゃなくて、職能のエートスをどれぐらい身体化してるかという問題なんだと思う。その固有の職能のエートスを身体化した人を前にすると、書物的な知識でまわりを飾っているだけの薄っぺらな知識人なんか木っ端みじんに吹き飛ばされる。吉本はそういうことが言いたかったんじゃないかな。

名越　いや、まったくそうですよね。だから空海はそれを、行と学は両輪であって、両方を進めることが一番能率的で、一番確かな道なんだってものすごいシンプルに言ってるんですけど、この行、学の一致というものが文化じゃないですか。日常の中にあったそういうものが、たぶんちょっと崩れたんでしょうね。

内田　ちょっとというか、すごく崩れてきてるんじゃないかな。

名越　崩れてると思います、たぶん。

内田　農夫でも料理人でも鉄道員でも、あらゆる職業には固有のエートスがあって、それを深く身体化した人は、同じくらい深く固有のエートスを身体化した他の職業人と同格であって、優劣がない、そういう考え方があったのだと思う。だから、どんな職業を選んでも、その職業に固有の価値観やマナーを内面化していて、一人ひとりが与えられた状況において適切なふるまい方をすることができた。そういう職業観がいつからか無くなってしまった。

名越　無くなりましたね。急に無くなった感じがします、ほんまに。

知性を知性たらしめているもの

内田　職業をただ生活手段ととらえるなら、最終的には「年収はいくらか」という単一の度量衡で格付けがなされることになる。年収が同じなら費用対効果の高さを競う。単位時間あたりの収入が多い人、最小の努力で最大額を稼いでる人間が一番スマートな生き方をしているということになる。

名越　それがね、森ノ宮にトラジャコーヒーってあるんですよ。一杯290円のコーヒーを売るチェーン店なんですけど、やたらうまいんですよ、そこのコーヒーが。その店には一人、20代そこそこなんだけど何をやるのも手際がよくて、さわやかで見事な対応をする女の子がいるんですよ。昔はそういうふるまいだけで付加価値がついたんだけど、もう今や時給で言うとどの店だって一緒なわけで、それでもそういう図抜けた身体操作ができる子が普通にもちろん何の文句も言わず、にっこり笑いながらやってたりするのを見ると、なんか少し悲しくなってきて。それで僕はトラジャにしょっちゅう行くんですけど、そういうことも、本当に崩壊した一つの証拠じゃないかなあと思います。

僕は東京でも、時間を作ってでも行く喫茶店は三つしかないんですけど、そういうことがちゃんとわかってる店に行くと、どれだけ自分が癒されることとか、あるいは新しい発想がどれだけ浮かぶことか。でも、そういうものの価値がぜんぜん評価されてないんです。古い時代はそこまでじゃなかったかと思うんです。たとえば空海は「識」ということを言うんですね。「地水火風」という物質世界の法則性があって、仏教ではそれに「空」が入って、そのうえに空海が「識」を入れた。それで「地水火風空識」の「六大」で、この六大で宇宙は出来上がってると。この識というのはものすごい深い概念だから、僕は全然わからないんだけど、あえて浅い心理学的なレベルでその一端を示すと、少なくとも識の中には意識と知識があると思うんです。知識というのはまさに量的に還元できるものとか、あるいは計算できるものとか、もっと言うなら労働で皿を何枚洗ったら時給何百円とかみたいに、世間的に言う計算ができて物量として比較可能なものが知識であるわけです。

もう一つの意識という、あるレベルの集注度であったり、ある意識レベルの高度を保たないと頭に入ってこない知識があるんだけれども、いわゆる量的に計れるものだけが金銭に換算されよしとされて、意識の高度とか、意識の広がりとか、見えてるフィールドの広さとかは、ほとんど換算されなくなった。もちろん昔も知識が愛でられたけれども、その裏側に意識というものの輝きがあるからこそ愛でられたところもあって、そこが渾然となっていたんだけど、それがものすごい乖離してしまったという感じがするんですよね。

内田　知性を高いレベルに保つための実践的な技術というのはたしかにあると思うんです。雑駁に言っちゃうと「どうやって自分の頭をよくするか」という技術が。今名越先生がおっしゃった意識の広がりに近いんですけれども、ものを学習していったり、物事の論理性や関係性を発見したり、現象の背後にある法則を発見したりというのは、ただデータを積み重ねていってできるというものではない。「あ、わかった」と瞬間的に視界が開けるものじゃないですか。

名越　直観知というやつですね。

内田　そうそう。直観知を高めるための技術というのは、やっぱりあるわけですよ。平たく言えば「頭をよくする技術」。

名越　いやあ、もう絶対そう思います。

内田　でも、今の日本を見てると、それを「魚肉を食べましょう」とか、「サプリメントを摂りましょう」とかいったことと取り違えている。

名越　はい、やっぱり量的還元ですね。

内田　知性の活性化・高度化って、ものの考え方の構造そのものを作り変えて、思考のシステムを再組織化することじゃないですか。今すでにあるものを局所的に強化することとは全然違う。今ある仕組みは手つかずにしておいて、局所だけ量的に強化すれば、むしろシステムは硬直化する。使いものにならなくなる。「頭のよさ」って、結局は「頭がしなやか」ということなのに。

名越　いや、ほんとそうですね。

内田　反知性主義というのは、どうもそのあたりに根があるような気がしますね。たしかに知識はどんどん増えている。ネットを使えば巨大な外部記憶装置が私有物としてあるようなものですから。例えば、ウィキペディアの情報は全部「俺の頭に入ってるのと同じだ」って考える人もいるかもしれない。でも、一番大事なのは、知識を強化したり増やしたりすることじゃなくて、今の自分の頭の中で作動している推理とか、直観の仕組みそのものをそのつどの情報入力や環境の変化に対応して組み換えて、高度化できる可塑性だと思うんです。知のシステムの可塑性をどうやって担保するか、それが知性についての一番重要な技術的課題だと思うんですけどね。

名越　知識によって回路をどんどん増やしていって検索機能を上げるというのが、今、知だと思われてるわけですね。それに対してこの直観知というのは、注目され始めたばっかりだと思うんですけど、直截的に回路をぱっと開いちゃう感じじゃないですか。検索とは根本的に違うんですよね。とてもじゃないけどつながらないものがつながる、というのが頭のよさなんですよ。

内田　そうそう。検索ってキーワードを知らないとできないじゃないですか。だけど、僕らが今考えてるような知というのは、キーワードがなくても、何を自分は知ろうと思っているのかわからなくても、突然「これだ」ってわかる。それを知るためにこの本を読んでいたのだということが読んでいるうちにわかる。読み始めた時には自分が何を求めてその本を手に取ったのかわからなかったのに、読んでいるうちにわかる。それが可能なのは、情報を入力するたびに、一行読み進むたびに頭の中の仕組みをどんどん組み換えているからですよね。この思考システムの組み換え方法については、人類は数千年の歴史を持っているわけです。瞑想とか、呼吸法とか、突き詰めてゆけばどれも人間の生きる力を高めるための方法なわけです。それはできあいのシステムの中で、何かを量的に増大するというのとは全然違うことなんです。

名越 そうなんですよね。それを忘れてどんどんバカになっているのかもしれないという。

内田 実際、現代日本人を見ていると、どんどんバカになってるという気がする。

名越 そう思いますね。

内田 知の定義を勘違いしてるからじゃないかな。知には二つの層があると思うんです。定量できる知識や情報の層と、そんなふうに数量的には表示できないメタ知性の層。後者こそが知性を知性たらしめてるのに。

名越 そうそう、知性を知性たらしめてるものですよ。その段階が見えてないんですよ。

内田 エビデンスないからね。

知性は共同体的に動くもの

内田 もう一つ、あまり言われていないことですけれど、知性の運動というのは、必ず集団的、共同体的に動くということが忘れられているんじゃないかな。単独の知性というのは存在しないんです。知性は必ず他の知性との相互関係の中で活動する、本質的に共同的、集合的なものだと僕は思うんです。

僕の個人的経験で言うと、僕と平川克美君とは11歳の時からの長いつきあいなんですが、半世紀を超えて一緒にいると、どっちが考えてることなのかがわからなくなることがある。かなりの部分まで脳を共有してるから。記憶も共有しているし、読書して仕入れた知識もデータも共有している。その辺は僕と彼が自由に出入りできる「パブリックドメイン」なんですよ。僕が持ち込んだ情報と平川君の持ち込んだ情報が混ざってアマルガムができていて、そこからまた化学反応を起こして新しいアイディアが生まれてくる。だから、あるアイディアが自分が思いついたことなのか、平川君が言い出したことなのか、もう識別できない。だから、「それは最初に俺が言ったんじゃない?」「いや、俺だよ」みたいな会話をしょっちゅうしている(笑)。

名越 入れ替わってる時もあるんじゃないですか。どっちが喧嘩勝ったかというお話とか[*1](笑)。

*1 内田・平川両氏の小学校時代のエピソード。転校してきた内田氏が、「番長」だった平川氏一派にリンチされたとき、「参った」と言わなかった内田氏を平川氏が認め、「五分の盃」を交わす兄弟分となった……というのが内田氏の記憶で、二人が「さしの勝負」をして、互いに譲らず引き分けて「五分の盃」の兄弟分になった……というのが平川氏の記憶。

内田 そう、記憶さえ入れ替わっている（笑）。あれたぶん、人称を入れ替えて記憶しているんじゃないかな。平川君が僕になって、僕の経験を思い出し、僕が平川君になって、彼の経験を自分の過去の出来事だと思って思い出している。きっと、そうですよ。

名越 そうだ、それだ。

内田 「転嫁現象」っていうのがあるじゃないですか。子どもで自我が未発達だと、似たような外見の他の子どもと自分との間の区別がつかなくなる。だから、友だちが転んで膝擦りむくと、「痛いよ」と泣き出すし、自分で友だち殴っておいて、「殴られた」と泣き出す。僕と平川君はちょっとこの転嫁現象に近いところに今もいるんじゃないかな。彼といると、自分の自我が弱くなるのがわかるから。自我の壁が弱くなることの代償に、二人が共有している集合知へのアクセスの自由度が高まる。これって、知性の活動にとってはきわめて効率のいいやり方なんじゃないかな。だって、主体性とか我執って、知性の活動を阻害するだけでしょ。

名越 いやあ、もうまったくそうです。だからそれは、般若心経で言うところの無罣礙（むけげ）です。無罣礙というのは、要するに心であるとか、あるいは今の話の流れで言うと意識に敷居を設けてるんだけど、それがこのお経を何度も読誦するとその敷居が無くなって、人とも世界ともすーっとつながりあうことができますよと、という話です。つながろうと思って意識でやってもだめですよ。このお経を観音様と一体になるように思い込んでずーっと読むと、しまいには無罣礙、無罣礙になります。その時にまさに般若の知恵が入ってくると。罣礙のケイというのはいわば檻なんですね。これを外しなさい、そうすると本当の知恵と呼ぶべきものが入ってくる、というのが般若心経の一つの大きな肝だと僕は思ってるんです。

内田 だから、さっき話していた書物に対する渇望も、書物そのものに対する渇望というよりも、その中で活発に働いている著者の精神に触れたい、それに同期したいということなんじゃないかな。理解するというより、触れ合いたい。二人を隔てている境界線を乗り越えたい。

僕がレヴィナスを読んだときに感じたのは、いくら文章を読んでもわからないけれど、レヴィナスが今思考している一番中心の、核の部分で熱く脈打ってるものに直接触れたいという渇望だったんだと思う。理解できないけれど、触れたい。だから、写経するような気分でずっとレヴィナスを読んで訳してきたわけですよ。でも、写経していると、どこかの段階で自他の同期が起こるんですよね。僕自身の考え方や語り口がレヴィナスに感染して、レヴィナスに憑依されてしまう(笑)。僕は確かにレヴィナスの読み方をレヴィナスから学んだのだと思う。レヴィナスのテクストの解釈の仕方をレヴィナス自身から学んだ。そんなの循環参照じゃないか、トートロジーじゃないか、無意味だという批判もあると思うけど、僕はそういうの「あり」じゃないかと思うんですよ。「同期する」というのは、名越先生の言う「罣礙」がなくなった状態に近づくことだから。僕にとってはそれこそが知性が最高度に活性化している状態だと感じられるんです。だって、僕がそんなふうに一度もしたことがない未知のやりかたで現に自分が推論しているんですから。

身体を通した直観知

名越　僕は今もうほとんどクライアントとってないんですけど、それでも講座で全国に行ったりして、様々な立場の人から質問を受けたり相談されたりするんです。そのときの答えとして、まずは身体を動かしてくださいって言うんですよね。質問してくる相手を見た瞬間にわかりますもん、身体をちゃんとしなきゃだめだって。つまり広い意味での「行」ができていないんですよね。それは掃除だって行になるし、もちろん合気道だって一つの行という見方ができるし、それで瞑想してもいいわけだし、あるいは人と会うときに、暗い気分に流されないで、あ、ここで逃げないぞって向き合う瞬間なんかも一つの行だろうし、そういうことも込みで、行ができていない人が多い。みんな身体がふつうにかたい。関節がかたい身体がごく並の柔軟さを失っている。さらには表情の精気が失せていて、身体が死んでるというか、バラバラに動いているということが、見たらふつうにわかるわけです。まずそれを何とかしてから、心理学をやったほうがいいよ、という話です。その身体の劣化の段階がものすごい、昔に比べてもっと激しいというのは、臨床家としては言えますすね。

内田　それは専門家になりたい人たちの話？

名越　いや、それに限らず、悩みを抱えていたり、生き方で迷っていたり、あるいは自分の生い立ちとかそういうもので悩んでる人たちです。それはわかるんだけど、身体を動かさないとトラウマの治療にまでも行けないよっていうことがあります。あるいは身体を動かすこと自体を治療の第一位段階に組み込まないといけない時代になっている。

内田　身体は脳よりも他人との共感性がずっと高いから、まず身体で同期していくと、心の同期もだんだんできるようになってくるかもしれませんね。

名越　そうですよね。でも病院なんかでも、その逆になってます。もう完全に動かすと危ないから動かさない。そして検査をして、それで治療をして戻すというサイクル。科学的にはそれでいいかもしれないけど、人間を一つの開放系というか、つながり系だとすると、病院の中の生活ではほとんど8割以上悪いことしかしてない。病院の中で身体を動かしてくださいと言うと、じゃ、もしもこんなことが起こったらどう責任とってくれますか、みたいなことになってくる。そんなこと言ったら、あなた玄関から出て、もしも車が突っ込んできたらどうなるんですか……って、「もしもこうなったら」ということは延々と言えるわけですよ。僕はほとんどの病気の基本には、もともと開放系である身体というものが、罫礙つまり環境との交流ができないような状態が二重三重にもなって結果的に数値の異常に還元できるようなところまで悪くなるということが、多かれ少なかれあると思う。

内田　これは今回の「日本の反知性主義」の大枠を作るような、スケールの大きな話になりましたね。

名越　僕のところに来る人は、ある意味野礙だらけで、でもいわゆる知識量はちゃんとした人が多いでしょう。この分野では一家言あるという人がほとんどなんですけど、もう身体を見たら、昔で言えば『オズの魔法使い』の中に出てきたブリキのロボットみたいな、動きを見てたらもうガチガチになってる人ばっかり。そういう人たちに身体を動かしなさいと言ったって、そんなことがなんの意味があるんですか？とか、身体を動かすなんて誰にでもできるじゃないですか？とか、身体を動かして健康になれって、体操したらいいんですか？とか、そんな反応で。だいたいそうすぐ反応する人は絶対やらない。

やっぱり身体をそれなりに追求していってる人間から見ると、身体を動かすというものの中身、それが指し示す中身が、極端に言うと水たまりと琵琶湖ぐらい違っていて、まずは動機づけさせるということが大変だし、まじめな人でやり出したとしても、方向性が見えなくて、ただ力ずくの反動でぐいぐいやったり、または、ああ、もうやりましたから、これで終わりみたいな感じで集中してやらないから、そこに興味とか、喜びとかが全然起こらない。ほんとに言ったら、道場にでも通ってもらったほうがいいと思うんですが、その道場でも本当にそういうことがわかってる、つまり身体を通したものが直観知につながり、それこそが知識を生かせるようなたくさんの道につながってるんだよ、ということもわかってる道場主じゃないと、指導ができないんですよね。だけどそういう人が圧倒的に少ないと思うんです。

僕のやってる講座に2年くらい通ってる人でも、ああ、名越が言ってる身体を動かしなさいというのはこういう意味かなって、ようやく最近大切だって身に沁みたみたいなことがある。これって、今回の反知性主義に直結してる問題だと僕は思うんです。体操というと、筋力トレーニングとか、速く走ることとかになるけど、いや、それはちがうんだよと。身体を使うこととイコール知性であり、知識の運用なんだよということがわかってないんですよね。そこをなんとか僕の目の黒いうちに、ああ、そういうことかっていうふうに、求める人みんながたどり着けるようにしたいと思ってるんです。たとえば舞台とか演劇とかを観ても、単純によかったねという感じの人と、そこから自分の身体の中に何かが染み入っている人とありますけど、芸能、芸術が好きな人の間でも、そこの壁をなんとか崩してやりたいなと思ってるんです。

文学の本質は死者と共感する体験

名越　この間出たTVで、奈良の人たちが全然地元で物を買わなくて、なんかあったら大阪で買うという話題が出て、僕吠えてしまったんですけど（笑）。奈良でもお店で良い品があっても、ちょっと高いものだとなんとなく大阪で買ったほうがいい感じがするといって、みんな難波や梅田に行くらしいんですが、そうすると全然税収が奈良に落ちない。だから奈良を助けるため、いい町にするために、奈良で買いましょうってビラとか配ってるって話だったんです。そのときに僕が言ったのは、それはやっぱり愛がないと無理だよと。

たとえば滋賀の人たちだと、近江八幡のあの山にはどういう神社があってとか、長浜には昔こういういわれがあってとか、こういう神さんがいてとか、すごい歴史を知っているんですよ。あるいは大阪の人だって船場の歴史とかよく知ってるし、京都だったら、京都人は大阪の百貨店でいいもん見つけても京都の百貨店で買うとまで言いますから、みんなそれだけ郷土愛がある。それに対して、奈良はほんまに寝に帰るだけの人がすごい多いんですよ。奈良って紀元前から8世紀にかけて燦然たる歴史があって、大化改新だって、大宝律令だって、あるいは物部氏だって蘇我氏だって、聖徳太子だって、みんな奈良で活躍して、ものすごいスペクタクルもあった。ものすごい繁栄もした地域なのに、奈良ほど自分の土地に対する知識、教養がない場所ってないと思うんです。自分が奈良で生まれ育って愛着があるからよけいちょっとムカッとするんですけど、それって僕は身体が欠けてるんだと思うんですね。だっていくら大昔のことだからって、聖徳太子のことを一生懸命読んでいたら、聖徳太子の時代の気分にやっぱり身体がなりますもん。身体がそのまま7世紀にぽんと入ったような感覚になるわけで、そのときに初めて歴史が動き出すし、郷土愛が動き出す。聖徳太子に比べたら近世かもしれないけど、会津の人なんて、会津と明治政府の戦いのことを涙を流しながらしゃべる。身体ごとそこに持って行けるから様々な知識、知性が炸裂するわけで、奈良の人たちもそこから掘り返すということがすごい大事なんです。

内田　その時は何を言ったんですか。愛がないと？

名越　そうです、愛がない。愛というのは、じゃ奈良県庁のそれ相応の役割の方々、あるいはそれぞれの市役所の方々、いったい何人がその土地の歴史を熱く語ることができるでしょうかと。やっぱりそこからじゃないと、なんで奈良で買物せんとあかんのっていうことになる。やっぱり郷土愛というのは、郷土の歴史を知るということだけど、歴史を知るというのは頭で知るんじゃなくて、その場所を歩くとか、そういうことから始まるんじゃないですか、ということを言いたかったんですけどね。

内田　それは別の言葉で言うと、死者との共感だと思うんです。歩いてもいいし、景色を見てもいいし、神社仏閣に参拝してもいいけど、僕たちはふつう「死者との共感」ということを、本を読むことを通じて子どもの頃から訓練するわけですよね。小説を読んでいると、自分と性別も、年齢も、国籍も、人種も、信教も、全然違う何百年も前の語り手や主人公に、読んでいくうちにだんだん共感してくる。その登場人物の中に入り込んで、その人の世界を内側から生きるという経験をする。『罪と罰』を読んでいる時にラスコーリニコフの気持ちに共感していると、いつの間にかペテルスブルグの屋根裏部屋の凍えそうな寒さとか、空腹とかが頭で理解するより先に自分の身体が感じ始めるでしょ。「う、寒い」とか。

名越　ドストエフスキーを読むと、足の指先が冷えてきますよね。

内田　そうそう。その足先が冷えたり、鼻の頭が冷えたり。それが文学の手柄だと思うんですよ。それによって何を学ぶかというと、主題の政治的正しさとか方法の前衛性とかじゃなくて、読んでいるうちに、死者たちと、とうにこの世から去った、すでに存在しないものたちに同期・共感して、その人の身体感覚を追体験できるということに尽くされると思うんです。それがたぶん知性にとってきわめてたいせつな基礎訓練だったんじゃないかな。今はそういう死者との共感のための心身の訓練をまったくしなくなってしまったですからね。

名越　そこなんですよね。まったくしなくなってます、ほんとに。

時間と空間を折りたたむ

内田　他人の思考に同期する訓練として、僕がよくやるのは、安全保障の問題とか、集団的自衛権とかを考える時に「もし僕がアメリカの国務省の小役人だったら」というなりすましなんです（笑）。これ、面白いから、よくやるんです。

名越　ツイッターで書かれてましたね（笑）。

内田　この間も講演の3分の1ぐらいを国務省の役人になったつもりで、それが上司と対話するというのを延々とやってたら、すごく受けてました（笑）。僕自身の意見を理路整然と述べるよりも、僕じゃない人に憑依して、その人から世界がどう見えるかを語る方が、聴いている人たちは今世界で何が起きているのかが、むしろはっきりわかるんじゃないかな。自分じゃない人になり切って、その人から見える世界の風景を、その人のロジックに従って、その人の語彙の中で記述するというのは、想像力の訓練として、きわめて有用だと思うんです。自分の眼に世界がどう見えるかを詳細に語るよりも、他人の眼に世界がどう見えるかを記述することの方が、はるかに知性の可塑性を要求するでしょう。それに、この作業、けっこう楽しいんですよ。

名越　だから今回の話だと知というものもそうだし、僕から見ると仏教というか、宗教、哲学も、結局は時間空間論だと思うんですよね。時間空間論って、僕が研究してる限りでは、たとえば仏教ではまず時間を潰しちゃうんですよ。まず時間を潰して乗り越えたうえで、空間をきゅっとひとつに合わせちゃう。時間を先に畳んで、空間は後で畳むみたいな所作が、仏教の所作なんです。だからこそ西方浄土というのも、はるか延々の向こうなんだけども、今ここでそれが展開されてるかのように生きよと、たとえば浄土真宗の教本である阿弥陀経とか、観無量寿経には書いてあるんですよね。西方浄土というのはこの宇宙の外側ですから、はるか別宇宙だけど、ここがそうなってると思って瞑想しなさいということですから、空間を超えてる。しかも、それはもう何百億年も前に全ての存在が成仏したつまり成就した宇宙ですから、時間も超えている。仏教が２５００年間ずーっと脈々と潰されないで生きてきた知の一つの累積であるならば、まず時間から畳んで、空間を畳むという仏教の所作に、知の方向性というのはやっぱり示されてるんじゃないかなと思うんです。そしたら先生が言われる、身体の中に入るというのは、身体の中に入ることによって、時間と空間に手が届くというか、掌(たなごころ)に見えてくるということなんじゃないかと。

内田　「死者の身体に入る」というのは、まさに時間と空間を折り畳むということですよね。この間、ある学会で発表を聞いているときにふっと気づいたんですけど、キュビズムって時間と空間をタブローの中に折り畳んでしまおうという野心的な企てだったじゃないかなと思って。

名越　そうなんですか。

内田　キュビズムって、ふつう人間は一つの視点からものを見るのを、前から見て、横から見て、斜め後ろから見て、場合によっては1時間前の視点と1時間後の視点もあわせたものを、全部同一のタブローの画面の中に二次元的に展開しようという実験じゃないですか。これって、言い換えると時間の流れを空間的に表象することですよね。キュビストは時間と空間を一挙に獲得しようとしたんじゃないかなと思って。そういえば、フッサールの現象学も同じアイディアですよね。あれも現象学的還元によって、物事の本質に一気に至るということをめざしたわけですけれども、その場合も、一軒の家の「正面」と「側面」と「背面」と「床下」と「屋根」を自我の変様体であるところのさまざまな他我が手分けして同時に眺めている、そういう状況を設定するでしょ。自分が同時に別の場所にいる。それができれば、ものごとの本質は一挙に与えられる。このアイディアはまさにキュビズムと同じですよね。もしかすると、エイゼンシュテインのモンタージュ理論もそうかもしれない。あれも、同じ時に、違う場所で起きた出来事を映像的に積み重ねることで世界を一望俯瞰しようとしているわけですから。だから、大戦間期のヨーロッパにはキュビズム的な「時間と空間を折り畳む」企てが複数の領域で同時に試みられていたんじゃないかな。学会発表を聴いているときに、そんなことを考えていたんです。

名越　なるほど、それもそうですね。

内田　時間の流れと空間の広がりを畳み込んで、なんとかして一望俯瞰したいという激しい欲望が大戦間期のヨーロッパで噴出した。その時代はたしかに学術の世界でもきわめて多産な時期だったわけですから。

名越　知の命題ですよね。

内田　紙の上に書かれた離れた二点でも、紙を折り畳むと重なるじゃないですか。さきほどから話に出ている共感とか同期って、やっぱり本来は遠く離れているものを「畳んで、寄せる」ということなんじゃないかな。

名越　ほんとそうですね。だから僕は最近仏教心理学の本を書いたんですが、そのときに現象学のことをまずは説明した。やっぱり時間、空間に対する欲求だということになりますよね。橋は架かったと思います。

内田 トラウマというのはある固定された時間と空間に釘付けになって、そこからどうしても動けないということですよね。

名越 はい、もう杭に引っ掛かっちゃって。

内田 僕が感じるトラウマのイメージって、首のところにゴムがついていて、ゴムの一端が杭に縛り付けてある人間の姿なんです。かなり遠くまで歩いていっても、ゴムが延び切ると、その力で最初の位置までびょーんと引き戻されてしまう（笑）。

名越 ああ、なるほど（笑）。

内田 わかるでしょ？（笑）。どうしてもその杭を中心とする同心円から出てゆけない。どんな新しい経験をしても、全部古い経験のスキームの中でしかその意味を解釈できない。トラウマって、そういう種類の病気ですよね。このスキームへの固着からどうやって自分を解き放つか。僕の眼には、今日本全体がある種のトラウマ的な状態に陥っているように見えるんです。みんなが「今・ここ・私」に居ついている。

名越 すごい居ついてますね。そこに居つきがあるから変な具合になってくるんですよ。ということで、そろそろ時間がきましたので終わりにしましょう。

内田 では、どうもありがとうございました。

名越 ありがとうございました。

体験的「反知性主義」論

想田和弘

想田和弘（そうだ・かずひろ）

1970年、栃木県生まれ。映画作家。東京大学文学部宗教学・宗教史学科卒。スクール・オブ・ビジュアルアーツ映画学科卒。映画作品に『選挙』（07年、ベオグラード国際ドキュメンタリー映画祭でグランプリ受賞など）、『精神』（08年、釜山国際映画祭で最優秀ドキュメンタリー賞など）、『Peace』（2010年、香港国際映画祭で最優秀ドキュメンタリー賞など）、『演劇1』『演劇2』（2012年、ナント三大陸映画祭で「若い審査員賞」受賞）、『選挙2』（2013年）がある。著書に『精神病とモザイク』（中央法規出版）、『なぜ僕はドキュメンタリーを撮るのか』（講談社現代新書）、『演劇vs映画』『日本人は民主主義を捨てたがっているのか？』（ともに岩波書店）がある。

知性の発動にショートカットはない

２０１４年の夏にこの原稿の依頼を受けてから、正直、僕は何ヵ月もの間、筆が進まなくて苦しんできた。書き始めては捨て、捨てては書き直しの繰り返し。

「反知性主義」という概念は、実にとらえどころがない。何をもって反知性主義と呼ぶのか、定義や力点は論者によってまちまちだし、反知性主義の存在を示すような社会現象も多種多様である。「これが反知性主義の核心だ」と狙いを定めても、論じるうちに思考が袋小路に入って、出口が見つからなくなってしまう。

だから原稿の締め切りが近づき、いよいよ追い詰められてくるにつれ、安易な「解決法」が頭によぎり始める。例えば、本当は自分でもよくわかっていないのに「これこそが反知性主義の正体である」と無理やりに断言してしまおうとか。あるいは、ひとつの仮説にしか過ぎない結論を設定して、それに当てはまる材料を拾い集めて「証明」した体裁を作ってしまおうとか。

そんな雑念に振り回され、自己嫌悪にかられる中で、ふと思った。

「あっ、いまのオレのような態度こそが、実は反知性主義の萌芽のようなものなのではないか」

知性とは、自分の頭で吟味し、疑い、熟考する能力や態度のことである。それは「結論先にありき」の予定調和や、紋切り型でお仕着せの思考を拒絶する。知性の発動に「ショートカット（近道）」はあり得ない。

それがゆえ、知性が充分に働くには時間と労力が必要である。同時に、時間と労力をかけて考えても考えても、なんの地平も開けず、したがって何の結果も得られない可能性もある。そういう「空振りのリスク」を潔く引き受け、知的投資をドブに捨てる覚悟の上で、それでも誠実に〝発見〟や〝気づき〟を希求すること。それが、真に「知的な態度」なのではないか、と思う。

しかるに、原稿が書けなくて苦しんでいた僕は、空振りのリスクを嫌い、ショートカットを探し、安易な解決法に頼ろうとしていた。なんのことはない、僕は反知性主義について論じるために、反知性主義的な態度をソリューションとして選ぶ愚を犯そうとしていたのである。

だが、この「気づき」は、僕にいくつか大事なことを教えてくれた。

一つ目は、反知性主義的態度は、本人がそう自覚せずとも、知らず知らずのうちに忍び寄るものだということ。

二つ目は、反知性主義的態度は、効率主義や成果主義と相性がよいこと。

したがって、時間や心の余裕がないとき、人は反知性主義に陥りやすいということ。そしてそのとき、反知性主義的ソリューションがあたかも「ゴール」への近道であるかのごとく錯覚しやすい、ということ。

最後に、思えば僕自身、テレビ番組の制作を離れて「観察映画」の手法でドキュメンタリー映画を撮り始めたのは、まさにテレビ・ドキュメンタリーの制作現場に巣食う反知性主義と決別するためであったという事実である。

テレビ・ドキュメンタリーの台本至上主義

テレビ・ドキュメンタリーの制作現場に巣食う反知性主義とは何か。

それは僕が常日頃「台本至上主義」と呼んで批判する制作態度である。

一見、反知性主義とは関係の薄い議論に思えるかもしれないが、しばらくお付き合いいただきたい。

意外に知られていない事実だが、テレビ・ドキュメンタリーの大半には台本がある。番組ディレクターは通常、作りたい番組がある場合、まずはテレビ局に提案するために企画書を書く。企画書には、番組の「ねらい」や登場人物、テーマ、尺、大まかな内容、コストなどを書き込む。そして局側のプロデューサーからダメ出しを受けながら、何度も書き直す。企画書が通り、予算がついた段階で、番組の方向性は固まる。

企画が通ったら、今度は本格的なリサーチに入る。

例えば「福島第一原発事故による放射能汚染の恐ろしさ」を描くのが番組の「ねらい（ゴール）」であれば、まずは汚染の酷さを裏付けるためのデータを集めるであろう。また、汚染の酷さを証言してくれる科学者や調査機関、汚染が原因で苦しんでいる人などを探し出し、番組への出演依頼をするかもしれない。そして被写体候補との面会や打ち合わせを通じて、どんなシーンが必要で、どんなシーンが撮れそうかを洗い出していく。

次に、番組ディレクターはリサーチ結果に基づいて、構成台本と呼ばれるシナリオを書く。構成台本には通常、シーンの内容やショットリスト、想定されるナレーションなどを書き込んでいく。登場人物のセリフまでこまごまと想定して書き込む場合すらある。台本の構成には起承転結があり、「落とし所」と呼ばれるエンディングも用意する。要は撮影する前に、番組の青写真を作り上げておくのである。

この構成台本も企画書と同様で、プロデューサーから一発でオーケーをもらえることは稀である。たいていは何度も書き直しを命じられ、その都度シーンの順番を変えたり、シーンを追加したり、削除したりする。そしてプロデューサーやその上司にあたる人たちから「これでよし」と太鼓判を押されて初めて、撮影が許されるのだ。

自然、撮影現場では、ディレクターやカメラマンなど撮影スタッフは、構成台本に従いながら撮影を進めていくことになる。インタビューのときには、被写体に台本に書き込まれたセリフを言ってもらえるよう、あれこれ誘導したい誘惑にかられる。酷いディレクターになると、あらかじめ被写体に構成台本を見せながら、「ここはこういう趣旨のシーンにしたいので、こういうことを言っていただければ」などと打ち合わせたりもする。かくして、番組は反知性主義的な予定調和に陥っていくのである。

問題は、「現実」は決して台本通りには展開しないということである。

いくらリサーチを重ねて書いた台本でも、所詮は頭の中で作り上げたことなので、机上の空論の域を出ることはまず稀である。実際に撮影を始めてみると、現実は必ず台本で想定した以上に複雑怪奇で、作り手の予想を裏切り、安易に「理解」されることを拒む。しかも台本よりもよほど面白い。

その際にディレクターが勇気を持って台本を破棄し、曖昧模糊とした複雑な現実と直に向き合い、ゼロから再出発するならば、彼（彼女）は知性的態度を保つことができるであろう。だが、それはかなり至難の技である。

なぜなら台本は、テレビ局の企画であれば直近のプロデューサーのみならず、組織のヒエラルキーの上層部の人たちも参照し、企画にゴーサインを出していることが多い。つまり出来上がった台本には、組織を通過させるために投じた莫大なエネルギーと時間が費やされている。

したがって、現場の判断だけで番組の方向性を変え、誠実に「世界」を探求しようとすることは、よほど理解のある上層部を持たない限り、「組織人」にとってタブーである。このような制作現場では、知的な態度は「未熟さ」や「要領の悪さ」と考えられ、組織的に禁じられているのである。

いや、そもそもディレクター自身、自分が書いた台本によって視点が固定され、知性が起動しなくなり、想定と矛盾する現実には目が向かなくなることも多い。例えば「福島第一原発事故による放射能汚染の恐ろしさ」を描く企画であれば、そのねらいに反する事態に出会ったとしても認知バイアスが働き、無意識のうちに視野から弾いて「否認」してしまいかねない。

また、たとえ現実に目が向いたとしても、当初の企画と真逆の方向に踏み出すことは心理的に難しい。なぜなら台本よりも自らの知的好奇心を優先することは、自分にとって文字通り「未知との遭遇」を意味する。どんな番組になるのか全く読むことができなくなり、「空振り」の恐怖を感じるからである。

効率と予定調和

特にテレビ番組の場合、企画が通った段階で放送予定日が決められ、締め切りも定まる場合が多いので、そうした「冒険」をする勇気は持ちにくい。

万が一、放送に穴を開けるような事態になったらプロのディレクターとしての生命は絶たれてしまうし、そもそも、たいていの撮影・編集期間は「無理すればなんとか番組を作れる」というくらいの加減でギリギリに設定されているからだ。

なぜ撮影・編集期間がギリギリに設定されるのかといえば、基本的には経済の問題である。撮影や編集の日数を費やせば費やすほど、番組制作のコストは膨らんでいくからだ。

したがって低予算な企画ほど、たいていは撮影や編集の期間も短い。制作過程であれこれ悩んだり、方向転換したりする時間的余裕はなく、ますます「効率」が重視される。自由に知性を発揮するための「余白」は、まず生まれにくい。

そもそも、構成台本を書くこと自体が、経済上の要請であるともいえる。

台本を書けば、それを元に撮影日数や移動距離などのおおよそがはじき出せ、予算が組みやすくなるからだ。それに、撮影に比べて、台本書きにはお金があまりかからない。台本の段階で細部まで詰めた方が、撮影は効率的に行え、したがって予算も抑えることができると信じられているのである。

「安全策」がドキュメンタリーを殺す

だが、ドキュメンタリーとは本来、そのようなシステム化や「効率的な運用」と根本的になじまない。

ドキュメンタリーとは、作り手自身を「世界」に委ね、身体と意識を開いていき、そこから何かを本気で学ぼうとするための知的営みである。締め切りまでに完成するのか、いや、そもそも作品として成立し得るものかどうかなど、誰にも予測できない知的冒険であり、ギャンブルである。「何年もの制作期間をかけ、可能な限りの資金を投じたのに、結局作品として結実しなかった」などという「空振り」の事態が起き得ることを覚悟し、それでも作ろうとする者にしか、本来は決して作り得ない。なぜならドキュメンタリーとは、飼い馴らそうとして檻に入れた瞬間にあっけなく死んでしまう、野生動物のようなものだから。

つまり、テレビ局がドキュメンタリー作りを確実に成功させようとして採る台本至上主義という「安全策」こそが、逆説的なことにドキュメンタリーを殺してしまう。もちろんそれでも表面的には「ドキュメンタリー」にみえる番組は作れるし、無事に「納品」して、放送予定日に間に合って放映することも可能であろう。だが、その番組はたぶんドキュメンタリーの抜け殻にしか過ぎないのである。

観察映画の「十戒」

ちなみに、僕が試行錯誤で実践する「観察映画」の方法論は、こうしたテレビ的制作手法を否定し、真逆の態度でドキュメンタリーを作ることを目指している。具体的には、僕は自らに次のような「十戒」を課している。

（1）被写体や題材に関するリサーチは行わない。

（2）被写体との撮影内容に関する打ち合わせは、（待ち合わせの時間と場所など以外は）原則行わない。

（3）台本は書かない。作品のテーマや落とし所も、撮影前やその最中に設定しない。行き当たりばったりでカメラを回し、予定調和を求めない。

（4）機動性を高め臨機応変に状況に即応するため、カメラは原則僕が一人で回し、録音も自分で行う。

（5）カメラはなるべく長時間、あらゆる場面で回す。

（6）撮影は、「広く浅く」ではなく、「狭く深く」を心がける。「多角的な取材をしている」という幻想を演出するだけのアリバイ的な取材は慎む。

（7）編集作業でも、あらかじめテーマを設定しない。

（8）ナレーション、説明テロップ、音楽を原則として使わない。それらの装置は、観客による能動的な観察の邪魔をしかねない。また、映像に対する解釈の幅を狭め、一義的で平坦にしてしまう嫌いがある。

（9）観客が十分に映像や音を観察できるよう、カットは長めに編集し、余白を残す。その場に居合わせたかのような臨場感や、時間の流れを大切にする。

（10）制作費は基本的に自社で出す。カネを出したら口も出したくなるのが人情だから、ヒモ付きの投資は一切受けない。作品の内容に干渉を受けない助成金を受けるのはアリ。

日本社会に巣食う台本至上主義＝反知性主義

あれれ、なんの話だっけ。

そうそう、反知性主義の話である。

テレビ界に巣食う「台本至上主義」は、僕には一種の「反知性主義」のようにみえる。そしてそれは、実はテレビ番組の世界に限らず、日本社会に蔓延している態度ではないか、と思うのだ。

実際、台本至上主義的な反知性主義が大手をふっている例は、私たちの社会をちょっと眺めてみればいくらでも列挙できる。

例えば、「先に有罪ありき」の司法制度。起訴されれば99％の有罪率を「誇る」日本の司法制度は、被告が罪を犯したのかどうか、本気で知性を発揮し、吟味していると言えるであろうか。それとも、目の前の被告の罪の有無を吟味するよりも、「検察は過ちを犯さない」「起訴された被告は犯罪者」といった台本を優先してはいないだろうか。

他にも、「先に点数ありき」の教育制度。

「先に移設ありき」の沖縄米軍基地問題。

「先に書き換えありき」の歴史改ざん主義。

「先にコスト削減ありき」の福祉制度改革。

「先に可決ありき」の秘密保護法。

いずれも、個人が自由な知性を発揮し、教育を、米軍基地を、歴史を、福祉を、民主主義を本気で考え、吟味しようとするならば、「台本（ゴール）」の正当性や意義が深刻に疑われる事例である。しかし、コトを進める人たちは、何があっても台本だけは絶対に崩そうとしない。そして台本を崩さないために、知性そのものの発動を抑制するという本末転倒が生じているのである。

原発事故と反知性主義

福島第一原発事故直後の放射能汚染を巡る対応も、その一例であろう。

事故当初日本政府は、原発からの距離に応じて、住民に対して避難指示や屋内退避指示を出した。ところが、実際の放射性物質の拡散ぶりを示すデータによれば、汚染地域は決して原発から同心円状に均等には広がっていなかった。そのため、原発に近いのにあまり汚染されていない場所から、原発から遠いのに汚染の酷い場所へとわざわざ移動してしまい、かえって被曝をした人もいた。

あのときの日本政府には、「日本の原発で過酷事故など起きるはずがない（あってはならない）」という、長年抱きしめてきた「安全神話」という名の強固な台本があった。そしてその背後には、「原発推進」というより包括的で、政・官・学・マスコミという日本の権力の中枢が共同で育ててきた台本があった。だからこそ、いざ、台本には書かれていない「過酷事故」が起きたときに、日本政府はどう対処してよいのか見当もつかなかったのではないだろうか。台本の存在が、日本のエリートたちの知性の起動を著しく妨げたのだと思う。

そしてその台本を3・11後の世界でも維持するためには、自らの知性を徹底的に頽廃させ、見えるものも見ないようにし、思考停止するしか術はない。少しでも知性を働かせるなら、「原発推進」のシナリオは崩壊してしまうからである。

反知性主義の疾病利得

では、なぜ日本のエリートたちが、自分たちを権力の座に押し上げた最も重要な資源のひとつであるはずの知性を犠牲にしてまで反知性主義に罹患し、台本の死守にこだわるのかといえば、そこに巨大な「疾病利得」があるからであろう。

福島第一原発事故を真摯に受け止め、反省し、「原発推進」の台本の書き換えを目指すならば（すなわち知性的な態度を採るならば）、原発推進派はこれまで原発に投じてきた多大な投資や、原発を通じてこれから手にすべき利益をドブに捨てることになる。下手をすれば、せっかく築いてきた経済的基盤や社会的地位をすっかり失ってしまう。

だが、ちょっと馬鹿なふりをして、福島原発事故をあたかも「なかったこと」のように振る舞っておけば、いかがであろうか。その態度は人々から軽蔑されたり、知性や人間性を疑われたり、憎まれたりするかもしれない。あるいは、将来再び事故を招き、日本や世界をめちゃくちゃにするかもしれない。また、増え続ける放射性廃棄物を未来の世代に押し付けることになるかもしれない。だが、とりあえず今現在の自らの経済的損失や社会的地位の喪失は、なんとか回避できるのである。

そう考えると、彼らが反知性主義から抜け出すことは、決して容易ではないことが分かるであろう。それは番組制作の現場に巣食う反知性主義と同様、単に認識や「知」の問題だけでなく、経済的・社会的問題とも密接な関係があるからだ。

敢えて「馬鹿」のように振る舞う反知性的な態度の背後には、それなりのモチベーションと理由があるのである。

私たちの反知性主義

しかし、このような事例を挙げて批判することで、反知性主義を私たちには関係のない「外部の問題」にしてしまうことは、僕の本意ではない。なぜなら反知性主義は、誰もがいつでも罹患しうる、ごくありふれた病いだからである。

読者のみなさんも、自分の胸に手を当ててよーく振り返ってみて欲しい。

ご自分が所属する会社や学校、市民団体、政党、町内会、野球チーム……。それらの会合や会議などで、台本至上主義やそれに根ざした反知性主義は、幅を利かせていないだろうか。あるいは、みなさんご自身が、フェイスブックやツイッターやブログに投稿したりするとき。時間と「成果」を気にしながら、学術論文やレポート、報告書などを書いたりするとき。誰かと議論していて「劣勢」だと感じたとき。そういう局面で、ついつい「先に結論ありき」の反知性主義的態度に陥りそうになったことはないだろうか。

僕自身には、そんな瞬間がかなり頻繁にあるように思う。この原稿を書くのに苦しんで、台本主義的で反知性主義的なソリューションに頼ろうとしたときもそうだ。

実際、見かけ上の効率や成果が重視され、時間的にも精神的にも余裕のない社会に住んでいる私たちにとって、知的態度を維持し続けることは決して容易ではない。思わず手頃な「台本」を採用し、サクッとコトを済ませたい誘惑に駆られてしまうのは人情である。

いや、たとえ時間的・精神的な余裕がたっぷりとあったとしても、台本主義的な反知性主義に抗し続けるには、並外れた気力と体力と決意が必要だ。なぜなら、知性を発揮し七転八倒の末、ようやく何らかの結論や「世界の見方」にたどり着いたとしても、その瞬間にその結論は新たな「台本」となり、己に認知バイアスを与え、知性の発動を妨げかねないからである。

つまりこういうことだ。

例えば、今僕が書いているこの原稿は、僕がなけなしの知的能力と時間を投じて「反知性主義」という難題と現在進行形で格闘し、ようやく書き上がりつつあるひとつの「成果」である。もちろん、その果実は小さくて取るに足らないものかもしれないし、それを書く過程で僕がすでにある「台本」や認知バイアスから完全に自由だったはずもなく、したがって完璧なものとは程遠いであろう。だがそれは、僕が観察映画を撮るときと同様、あらかじめ結論を定めることを自らに戒め、空振りのリスクを覚悟しながら、やっとのことで紡ぎつつある「世界の見方」であることは確かだ。

けれども、この原稿が完成し脱稿された瞬間に、それを書く過程で発揮された知の運動は停止し、「世界の見方」は固定される運命にある。そしてそれは、下手をすれば今度は新たな台本として機能し、自らの知性を停滞させせかねないのである。

つまり知性が間断なく活発に発揮されるためには、苦労して到達した地点にしがみつくことなく、いつでも捨て去り更新する勇気や気力を維持することが必要になる。作り上げては壊し、作り上げては壊していく。この終わりのない不断の運動の中にしか知性は宿らないのであり、運動を止めた瞬間に、知性の働きも停止するのだ。

反知性主義に陥らないためには、私たちはこのような知性の習性を充分に理解し、肝に銘じなければならない。のみならず、絶えず自らの態度を点検し、観察し、注意深く振り返る作業が不可欠である。すでに述べたように、反知性主義的態度は、本人がそう自覚せずとも、知らず知らずのうちに忍び寄るものだからである。

可能な限り先入観と予断と予定調和を排し、自分を含めた「世界」をよく観て、よく耳を傾けること。目的やゴールはとりあえず忘れて、目の前の現実を虚心坦懐に観察すること。

そのような姿勢こそが、反知性主義の解毒剤たりうるのだと思う。

科学の進歩にともなう「反知性主義」

仲野徹

仲野徹（なかの・とおる）

1957年、大阪市生まれ。大阪大学医学部卒業後、内科医から研究の道へ。京都大学医学部講師などを経て、大阪大学大学院・生命機能研究科および医学系研究科教授。専門は「いろんな細胞がどうやってできてくるのだろうか」学。著書に、『幹細胞とクローン』（羊土社）、『なかのとおるの生命科学者の伝記を読む』（学研メディカル秀潤社）、『エピジェネティクス』（岩波新書）などがある。

意図されたものではないけれど

わたしは生命科学を生業とする研究者である。そのまっただ中にいたためか、この30年間における生命科学の恐るべき進歩に、ともすれば鈍感になりがちだ。しかし、思い起こしてみると、かつては予想もできなかったことが次々と現実となってきたことに驚嘆の念を禁じ得ない。

生体における遺伝子の機能をマウス（ハツカネズミ）で簡単に調べることができるようになった。ヒトゲノムが解明され、近い将来に1000ドルで一人のゲノムが解析できそうなところまできた。病気をひきおこす分子的なメカニズムが明らかになり、それに基づいた創薬がおこなわれるようになった。細胞のリプログラミングによりiPS細胞が作られ、治療や創薬に利用できるかもしれない。

可能性として論じられることはあっても、かつては、SFのような物語であった。おまえに先見性がなかっただけだ、と言われるかもしれないが、多くの常識的な研究者は、生命科学がここまで進歩するとは予想していなかったはずだ。そこには、生命科学者による天才的な発見だけでなく、これらのことを可能にする革命的なインフラ、情報科学や光学機器などにおける技術革新も数多くあった。

驚くべきは、成果的な面だけではない。生命科学の研究そのものにもきわめて大きな変化があったことだ。研究であるから、もちろん知的な行為という基本的な意味づけに変わりはない。しかし、研究における知性的な活動という面が著しく低下してきたという印象を強く持っている。

夢のような研究技術と環境が整ったにもかかわらず、いや、むしろ整ったがゆえに、定型的な研究が主流となってきた。そのような傾向に加えて、情報や知識の膨大化が生じた結果、さして知性的な鍛錬をうけずとも研究ができるようになってきた。このような状況下で、研究そのものにおいても、一般への報道においても、応用面が過度に強調されるようになり、研究の本質とでもいうべき、知性的な立場からの説明がなおざりにされがちになってきた。

このような状況は、「反知性主義」というような働きかけがあってもたらされたわけではない。むしろ、研究の進歩そのものが引き起こした、いわば、自然な流れととらえざるをえない。もし、科学の進歩がこういったことを内在しているとすれば、きわめて深刻な問題ではないだろうか。

(あまり)考えなくてもできる実験

いまから思えば、私が研究をはじめた頃、実験というのは牧歌的でのんびりしたものだった。研究室で受け継がれてきた技術を教えられて、あるテーマをゆっくりと楽しむという感じであった。そして、同時に、それぞれが創意工夫に満ちたものであった。

市販のものが少なかったので、いろいろな下準備が必要だった。細胞培養に使う溶液は、粉末を買って溶かして作っていたので、でき具合にばらつきがあり、実験結果が違ってしまうこともあった。ディスポーザブル（使い捨て）な試験管やピペットなどは高価だったので、ガラス製がメインで、どのように洗うかが厳しく指導された。なかば笑い話であるが、実験がうまくいかない時は、真顔で「水が悪いせいやろ」とか言っていた。

このような下準備は当然のように新入りの役目。いってみれば、板前さんが、皿洗いからはじめて、下ごしらえに進んだ後で、ようやく料理をつくらせてもらえるようになる、というようなものだ。研究の世界も、徒弟制度とまでは言わないものの、修業という側面が色濃く残っていた。

思えば不親切な時代であった。経験に基づいた伝統技みたいなところも多くて、論理的に考えておかしいと思えるようなこともいろいろあった。しかし、それだけに創意工夫する余地がたくさんあって、いろいろなことを工夫しながら改善していくのがいいトレーニングになっていた。

下働きという単純作業をこなしながら、ぼんやりと研究について思いをはせるというのも、ぜいたくな時間の使い方であった。そういうときに不思議といいアイデアが浮かんだものである。一方、教える側からは、そのような作業をさせてみるだけで、きちんと考えるようになる子かどうか、いい研究者になるかどうかおおよその見当がついた。

ずいぶんと状況は違ってきた。ディスポーザブルな器具が主流になり、いまではどんな研究分野もマニュアル化されている。それどころか、サンプルを試薬Aにまぜて何分間反応させて試薬Bを加えるといったように、多くの実験がキット化されるようになった。もちろん、それなりの器用さは要求されるが、原理がわかっていなくても、実験ができてしまうのだ。そんなバカなことはないだろうと思われるかもしれないが、大学院の審査会で、自分の研究に用いた実験の原理を尋ねられて、きちんと答えられない学生はまれではない。

キットというのは最適化されている。昔は、試行錯誤でそのような条件を決めていた。そこに考えるという要素があった。しかし、いまはその機会が奪われてしまっている。ならば、トレーニングのためにキットなど使わなければいいのであるが、それでは十分なスピードをもって研究が進まず、競争に負けてしまう。

同じ原理の実験法であっても、こまかな方法の差異によってデータが微妙に違ってくることもあるので、研究法は標準化することが望ましい。一方で、何々を知るためにはこの実験をすればいいといったような、優れた定型的な方法がたくさんできてきた。遺伝子の機能をマウス個体で解析する遺伝子ターゲティングなどは最たるものであって、いまや、お金さえあれば、どこでもできるし、外注することすら可能である。

いろいろなことがほんとうに便利になってきた。標準化や定型化により、それぞれの研究室からのデータを比較検討することがたやすくなるのだから、科学の進歩という面ではすばらしいことばかりである。しかし、標準化や定型化といった方向性が示されていれば、それにしたがって研究をおこなうことが前提になる。考える必要がないとまでは言わないが、創意工夫のはいる余地が少なくなってきてしまっている、すなわち、型が大事になって、個人の「知性」があまり必要でなくなってきているのだ。

一本釣りからトロール漁業へ

研究機器の進歩も著しい。精密で複雑、そして高額な機器が次々と開発されている。高度な機械は、まるで魔法だ。見ることができなかったものが見えるようになり、操作できなかったものが操作できるようになった。昔は不可能であったことがどんどんできるようになってきているのだ。

そして生命科学研究の世界にも"ビッグデータ"の波が押し寄せている。キット化された研究法でサンプルを調整し、高価な精密機器を用いることにより、網羅的な解析が可能になった。昔は、ひとつひとつの遺伝子についてコツコツ解析するしかなかったのが、いまや、2万数千個もあるすべてのヒト遺伝子について一気に調べ上げることが可能になった、というのが格好の例だ。

漁にたとえてみるとわかりやすいかもしれない。昔は、大きな魚がいそうな場所へと小舟をこぎ出し、ピンポイントで釣り糸をたらしてアタリを待つ一本釣りのようなものだった。研究の進むべき筋を見つける勘所、いわば目利きの能力がいちばん大事だった。それには、自家薬籠中のものとした過去のデータと、それに基づいた高度な判断が必要とされた。

いまは違う。考え抜いて絞り込むよりも、その前に、このあたりをごそっといってみましょう、ということになる。魚群探知機でおおよそ見当をつけてから、大きな漁船で底引き網を使って根こそぎ獲ってしまうトロール漁業のようなものだ。資本と機材は必要だが、効率はいいし、獲り残しもないい。研究の進展という意味では、まことに結構なことだ。しかし、このたとえからわかるように、トロール漁船の中枢にいる、すなわち全体を見渡す立場にいる一部の人を除いて、個人の知性を活かしにくい状況になっている。

私自身、そのような研究をしているのであるから、反省すべきところではある。しかし、効率と正確性、そしてスピードを考えると、つい、とりあえず網羅的解析をしてみましょう、ということになってしまいがちだ。そんな研究はあまりおもしろいとは感じられないのであるが、やらねば競争に負けてしまうので、やらざるをえない。もちろん、そのような解析には、かなりのお金がかかるし、すべてを自分のところではできないので、アウトソーシングすることもある。いわば、知性の外注だ。

昔は実験法が限られていたので、ある程度の結果がでれば、きちんとそれなりの論文にまとめることができた。しかし、今は違う。実験法が進歩したがために、どんなにつまらないテーマであっても、とことんまで実験ができてしまう。なので、ちょっといい論文を出そうとすると、そのために必要なデータの量が膨大になってしまった。20〜30年前に比べると、一流雑誌に掲載するためのデータの量は、少なくとも4〜5倍、下手すれば10倍にもなっているはずだ。

そうなると、当然、ひとつの論文を仕上げるための時間が長くかかるので、論文を書く機会が減ってくる。日常的にディスカッションをしながら研究を進めていても、どうしても論理に穴がある。とことんつきつめて考えるのは、文章化、すなわち論文作成の段階しかない。すなわち、研究者にとっていちばんの知的トレーニングは、自分自身の論文を執筆することなのだ。だから、ひとつの論文に突っ込むデータが著しく増加したために、論文執筆の機会が減っているという状況はじつにゆゆしき問題なのである。

「赤の女王」は走り続けるしかない

網羅的に調べることができるようになったのはデータだけではない。かつては、自分の記憶と記録、そして、論文で参照されている参考文献が情報源だった。いまや、キーワードをポンポンと入れると、関連する論文が、ときには関係のない論文までもが、データベースからずらずらっとリストアップされる。

リストアップされた論文が多すぎれば、さらに別のキーワードを用いて絞り込みをおこなう。適当な数にまで絞り込むことができれば、かたっぱしからタイトルと抄録を読んでいく。そこにいたるには、知識や経験はおろか、判断すらもあまり必要でない。この便利さが、知性の平板化とでも呼ぶべき状態を引き起こしているような気がしてならない。

かつて、文献情報というのは、経験的に身につけるにしても参考文献をたどるにしても、時系列的に、ある程度の歴史的経緯を伴いつつ、個人の中に蓄積されていくものであった。いわば進化を逆にたどるようなものであるから、意識せずとも、研究のおおきな流れや重要な分岐点が立体的に刻まれていった。そして暗黙知が形成されていった。

しかし、すでに存在する情報を学ぶ、というのと、時系列をおいながら情報を獲得していくのとは相当に違う。完成した機械を外側から見るのと、内部が組み上げられていくのを見るのとでは、その機械に対する理解度がまったく違うのと同じようなものだ。フラットな検索は、結果として、ところどころ穴のあいたパッチワークのような知識構築になりかねない。

また、最新の成果には慣れ親しんでいるのに、経験ある研究者が〝常識〟として言及すらしないような基本的なバックグラウンドが理解できていないこともある。このような場合、表向きは論文を通じて情報を共有しているように見えていても、互いの知性が共鳴できなくなっている。ある種の悲劇だ。

ある分野を新しく学ぶ人にとって、すでに膨大な知識が存在してしまっているという厳然たる事実。すなわち、スタート地点に立つために膨大な知識をインプットしなければならない、というのも困ったものである。もっとややこしいのは、論文を読みすぎるのは望ましいことばかりではないということだ。細かい知識で頭でっかちになりすぎると、むしろ伸びやかな思考が阻害されてしまう。なまじ賢い人ほど、こういった陥穽に陥りがちなので、注意が必要である。

情報の膨大化と研究方法の先進化は、さらにもうひとつ別の大問題、著しい専門化を引き起こしている。専門分野が少し違うだけで、なんのことかが理解できないのである。ヘタをすれば、単語の意味さえわからないことがある。そうなると、どうしてもディープな意見交換が小さな空間に閉じこもりがちになる。結果として多様性を欠くようになり、知性が広がりにくくなっている。

生命科学の研究というのは、非常に労働集約的なものであり、実験量と成果にはある程度の相関がある。手を動かしたからといってその分だけ進むというものではないが、動かさなければ全く進まない。そして、先に書いたトロール漁のような研究では、スピードが猛烈に速いが、個人が自分でこなすことができる研究の量というのには限界がある。

すなわち、網羅的解析や研究手法の先進化により、生命科学全体としては進歩のスピードの加速が著しくなっているのに対して、個人による貢献度が相対的に低下したような状態になってきつつあるのだ。その結果、不思議の国のアリスに出てくる赤の女王のように、自分自身がその場にとどまるため、すなわち、研究のスピードに追い越されないために、より一層のスピードで走り続けるしかないという状況が余儀なくされている。それも、あまり考えることなしに……。

科学の終焉？

10年近く前になるが、米国の科学ジャーナリスト、ジョン・ホーガンの書いた『科学の終焉(おわり)』（徳間書店）という本が大きな話題になった。科学が進歩し、いろいろなことがわかってきたのだから、もう、進化論や遺伝物質としてのDNA、相対論や量子論などといった大きな科学的発見がなされることはないだろう、という内容だ。

それに対して、当時ネイチャー誌の名編集長であった、今は亡きジョン・マドックスは反論した。科学が進歩すれば、さらに新しい問題が提示される、そして、ものごとのわかり方が深くなっていく。だから、科学が終焉を迎えることなどありえない、という論拠をたずさえて。さて、どちらに軍配があがると思われるだろうか？

研究が完全に終わるまで「科学知識の総量」なるものはわかるはずがない。だから、すでに全体の何割が明らかにされているかも、当然、誰にもわかりはしない。しかし、歴史的な大発見が出現する頻度が落ちてきているのは明白だ。このことは、すでに相当な部分がわかってしまっているのであろうということを強く示唆している。

パレート則――80：20の法則とも呼ばれる――という経験則ではないが、研究でも、あるものごとの8割を明らかにするのと、残りの2割のうちの8割を明らかにするのとでは、おなじくらいの労力がかかる。8割方わかった状態であっても、新しく出現してくる問題があるのは間違いない。しかし、それは当然、パイの残り、たった2割の中の問題でしかない。だから、たとえ新しい課題が掘り起こされたとしても、ひとつひとつの研究が産み出す知的成果というのは、相対的に小さくならざるをえない。

もうひとつ、科学の進歩にともなって、よりよくわかる、あるいは、深くわかるようになる、というのはそのとおりだろう。しかし、掘り下げていくにつれ、となりの研究領域との壁、専門化の障壁がそびえたってくる。そして、先に書いたとおり、その研究内容は専門家以外には理解できなくなっていく。

「充分に発達した科学技術は、魔法と見分けがつかない」というのはSF作家アーサー・C・クラークの至言である。同じように、厳密に証明されていても、あまりに論拠が高度なために十分理解できなければ、多くの人にとっては裏付けのある迷信のようなものだ。専門化が進みすぎると、このように、ある意味で知性を閉ざしたような状態、いや、閉ざさざるをえない状態になってしまう。

もうひとつ、新しい問題の探求や、問題の深い掘り下げには、生命科学の研究がそうであるように、しばしば研究費の高額化をともなう。資金の問題という、きわめて実際的で重要な問題を抜きにして、この議論はなりたたない。そこまで考慮にいれると、私には、理想論的な議論としてはともかく、実際的にはホーガンが正しいとしか思えない。

研究と大学の「資本主義化」

研究にはいろいろな分け方があるが、そのひとつに、役に立つかどうか、という観点がある。何をもって役に立つかというのは結構難しいのであるが、ひとことでいえば、いずれ何らかの形で売って儲かるかどうかというのが大まかな基準だろう。

最初から実利を求めることなど度外視して開始される大規模な研究もある。たとえば、ノーベル物理学賞に輝いたカミオカンデにおける素粒子研究やスバル望遠鏡を使った天体観測などがその典型だ。ロマンがあるとはいえ、わかったところで役に立たない。が、それはそれで、人類の知的貢献として非常に大きい。そういった研究は、最初から、役に立たないと納得ずくで始められるのだから、それでよかろう。

しかし、生命科学となると少し事情が違う。必ずしもそうではないのだが、生命科学は、幸か不幸か、健康や病気の治療につながると期待されてしまいがちな分野である。牧歌的な研究であった時代はよかったが、研究方法や機器の進歩は研究費の高額化をもたらした。そうなってくると、どうしても、研究費の投下に見合った成果、すなわち役に立つ成果が求められがちになる。役に立つということが重要なのは間違いないが、あまりにそういった研究に力点が置かれすぎると問題がある。

多くの応用研究は技術開発に近い側面を持っており、出たとこ勝負の基礎研究とちがって、ゴールが明確に設定されている。そして、限られた資金でゴールに近づくためには、ゴール以外の枝葉にかかわってはいられない。予想もされなかった大きなイノベーションは応用研究ではなく、基礎研究から産み出されることが多い理由はここにある。応用研究も知的であることは間違いないが、伸びやかな知性であるとは言いがたいことも事実である。

そして、あまり語られない大きな問題は、応用研究の大多数はモノにならないということだ。新聞などで、この研究によって○○の治療が可能になる、と報じられることはよくあるが、後日、そうなったという話などほとんど聞かない。ゴール志向性の強い応用研究がゴールに至らなかった時、残念なことに、結果的にほとんど何も生み出さない。

資本主義化、というほどたいそうな問題ではないかもしれないが、もうひとつの大きな問題は、大学における終身雇用ポストの減少と任期付きポストの増加だ。国立大学法人は予算削減にあえいでおり、その影響は雇用状況に大きな影響を与えているのである。研究にはある程度の競争原理が必要なので、安定を追い求めるばかりというのは望ましくないというのは確かだ。

しかし、生活の不安定さがある程度以上になってしまうと、心ここにあらず、落ち着いて研究ができなくなるのは理の当然。業績がでなければ職を失うかもしれないなどと心配しながら、落ち着いて知性を磨く気になるだろうか。それも、赤の女王のように走り続けることを強いられながら。

生命科学だけの問題か

高度な専門化は、論文の査読においても問題になる場合がある。雑誌に論文を投稿した場合、ピアレビューというプロセスがとられて、専門の近い研究者が査読をおこない、掲載するかどうかが決定される。少し特殊な領域や、異分野融合研究などでは、その査読者が見つからないことが出来しつつある。いわば、おこなった研究が正しいかどうかを判定する第三者がいない、ということだ。真に独創的な研究が評価できないということにもなりかねない。数学では専門化が著しく、このような傾向がもっと顕著であると聞いたことがある。

魚の縞模様のパターン形成というユニークな研究で有名な同僚教授である近藤滋は、そういう目にあったことがあるらしい。その近藤は、SMAPの『世界に一つだけの花』の「もともと特別なオンリーワン」に対抗して「オンリーワンならロンリーワン」という名言を残している。知性あふれる研究であっても、きちんとした評価がなされずロンリーワンになったら形無しだ。

孤高の研究者などというのは過去の遺物だ。数学など理論系ではいまでもあるだろうけれど、生命科学などの実験系ではほとんどありえない。方法論の多様化などにより、一人ですべてまかなうことなどできなくなっているからだ。生命科学のビッグプロジェクトでは、数十人、下手すれば100人を超える著者の論文がある。物理では、なんと2500人を超える著者による論文がある。300ページ強の大論文であるが、著者リストが21ページもあるというから驚きだ。ここまで極端な例は少ないだろうが、研究の大型化と相対的な個人の寄与の低下は、実験物理学にもあるようだ。

ある問題がじわじわと世代を超えて忍び寄ってくるようだと、単に「おじいさんの時代はちがったのね」という感じになってしまい、実感としてとらえにくい。ここまで述べてきたように、生命科学の研究では、過去四半世紀において、研究の進展あるいは研究法の進歩というものがとりわけ急速で著しかった。そのために、科学の進歩によってもたらされた反知性的な状況というのが、他の分野に比較して目につきやすいのではないか。

生命科学特有の問題もあるだろうけれど、情報の膨大化や、技術の進歩がもたらす定型化や標準化など、おそらく他の科学の領域でも似たような問題があるのではないか、あるいは、これから出現してくるのではないかとにらんでいる。しかし、定型化や標準化といった流れを逆行させることは不可能だ。いや、個人の知性にとってはともかく、その領域全体にとっては望ましいことなのだから、不可能というより、してはならないというべきだ。はたして、科学の進歩と科学者個人の知性との齟齬をなんとかなくすことはできるのだろうか。

あらがうことができるのか

『How Google Works ——私たちの働き方とマネジメント』（日本経済新聞出版社）は、グーグルのエグゼクティブだったエリック・シュミットとジョナサン・ローゼンバーグの二人が、どのようにすればクリエイティブな仕事ができるかについて書いた本である。その一節に「クリエイティビティーは制約を好むのだ」という文章がある。クリエイティビティーを知性と読み替えても十分に意味がとおるだろう。

研究に従事していると、知性のための方法論、あるいは知的体力といったものが自然に身につく。だから、研究経験と知性的能力にはかなりの相関がある。多くの人は漠然とそう思っているだろう。私もそう考えていたし、かつて、研究手法の制約が大きかった頃は、そのとおりだった。

しかし、ここまで書いてきたように、時代とともに、科学の発達、いや、より正確には、科学の進歩にともなう方法論の著しい進歩によって、方法論的な制約がどんどん少なくなり、結果として、研究と知性には、乖離とまではいわずとも、密接な相関が損なわれてきているのではないか。すなわち、生命科学の進歩が、研究という行為と知性の育成といったものの並行性を損なう方向性をもたらしつつあるのではないか。

若き科学者たちからは、年寄りの繰り言と思われるかもしれない。しかし、それなりに歳をとらないとわからないこともある。現状を素直に鑑みれば、決して杞憂ではないことがわかってもらえるはずだ。

近年、業績至上主義がどんどん厳しくなってきている。業績のある人を採用したいのは、どの組織だって同じことだし、業績はあった方がいいに決まっている。しかし、数値的に評価が可能な業績のある人材を採用することと、知性にあふれた人材を採用することとは必ずしも等価ではない。あの先生は何々を発見したから偉い、とか、あの先生はものすごく研究費を取ってこられるから偉い、というような話の出ることがよくある。素晴らしいことではあるが、それは個人の偉さではなくて、発見した内容や高額の研究費が偉いだけだ。

大学から「おもしろい」人が減ってきているように感じることが多いのは、業績至上主義や、研究と知性の関係性の低下と無関係ではないだろう。本当に偉くて尊敬すべきなのは、業績や研究費ではなくて、「なんやわからんけど知性があふれていそうで偉さを感じさせてくれる先生」のはずだ。もちろん、ある程度の業績があってこそではあるけれど。

このように、科学の進歩のみでなく、それに伴った「役に立つ」研究の重視や、過度な業績至上主義といった制度上の大きな流れも、研究という行為と知性の育成とのアンバランスを助長してきたのではないだろうか。

それだけではない。我が国では、そこへもって、急速な大学改革という負のファクターが重くのしかかっている。少子高齢社会を迎え、財政危機を迎えつつある状況下であるから、いたしかたない面もある。しかし、昨今の国立大学法人における動きを見ていると、知性の殿堂であるべき大学という場の環境が急速に悪化していく恐れがきわめて高い。

国際競争力の観点から、いくつかの国立大学法人は「世界トップの研究大学と伍してグローバルに競争できる『特定研究大学』」になるようだ。しかし、資源をこのような大学に重点投下して研究に特化させても、研究と知性が並行でなければ、かならずしも知性の育成にはつながらない。

それ以外の大学はどうなるのだろうか。逆説的ではあるが、なまじ研究に時間をとられず、科学にじっくりと向き合うことにより、知性的な体力をつけるトレーニングに集中できるかもしれない。しかし、困ったことに予算的な問題から、十分な科学的業績を産み出すことは困難になるだろう。はたして、知性はあるが業績なき科学者というものがありえるのだろうか。残念ながら、シャドーボクシングだけで真の知性に到達することなどできはしまい。

これまであたりまえとされてきた、業績と知性の並行的な蓄積というのが、いずれのタイプの大学にとっても難しくなりそうだ。さらに、国立大学の運営がより競争的になり、世界ランキング、研究費獲得、論文数や、外国人留学生・教員比率という数値化できるものにばかり重きが置かれるようになってきている。そのようなことばかりに気をとられ、知性や知的体力といった、計りがたい、あるいは、計ることができないものがおろそかにされていくのではないかと危惧している。

科学者としての責任

この本への原稿依頼を受けたとき、錚々たる執筆陣にたじろいだ。それに、反知性主義などということについて考えたことがないので、まずは断ろうと思った。しかし、もしかすると、研究という行為において知性的な側面が退行しているのではないかという、常日頃感じていることは、反知性主義のひとつとしてとらえることができるのではないかと気がついた。

そのような内容で大丈夫ですかと尋ねたら、それでいいでしょうという返事をもらった。私だけの特殊な考えであって、多くの科学者から反発を食らうのではないかという不安をひきずりながらも、最後には、書こうと決断した。その最大の理由は、科学というような高度に知的な活動であっても反知性主義的な動きを内包しかねないという仮説を、おそらくはこの本の大多数の読者である文系の人たちにも知ってもらいたいと考えたからだ。

そして、もうひとつの理由は、ＳＴＡＰ細胞をめぐる一連の騒動である。専門が近いこともあって、STAP騒動について、テレビなどの解説にかりだされた。そのたびに、どこから説明していいかわからないほど、我々がふだん使っている言葉や考え方が特殊であること、そして、科学という営みがまったく理解されていないことを痛感した。

突き詰めて考えると、STAP問題というのは、捏造などの不正がおこなわれた研究成果が論文として発表され、取り下げられた、というだけのことである。もちろん、あるべきではないし、あってはならないことだ。しかし、すこし立ち止まって考えてみると、科学という世界の中の問題であって、決してこれほど大きな社会問題になるようなことではない。

論文が発表された時、STAP細胞の科学的なことがらについて、どのようなところが今までの研究にくらべて優れているのか、どのような科学的な価値があるのか、が淡々と報じられていただけならば、このような事態は招かなかっただろう。残念ながら、専門的な科学的意義や本質的なおもしろさは十分に説明されなかった。そのかわり、STAP細胞がiPS細胞よりも役立ちそうだということや、割烹着を着たリケジョ（理系女子）がやったということ、など、一般の人たちが興味を持ちそうなことばかりが非常に大きく報道された。

もちろん、科学的な意義を丁寧に説明するには、膨大な基礎知識から説明しなければならないので、手間がかかるうえに難しい。しかし、普通の人にはどのみちわからないのだから、それをはしょって、話題性だけを喧伝するという発想は、反知性的と言われてもしかたがない。

ＳＴＡＰ騒動では顕著な形であらわれたが、それ以外にも、研究内容がマスコミで報道される場合、同じような傾向を感じることがよくある。たとえば、ｉＰＳ細胞に関係してさえいれば、将来役に立つと宣伝され、科学的な意義が高くなくとも大きく報道される、といったように。

研究の多くは税金を用いておこなわれているのである。科学者たちは、科学が内包する反知性主義に対する警戒感を高めると同時に、一般の人たちを反知性主義に導かないよう努めなければならない。それがタックスペイヤーに対する義務というものだ。

最初にも書いたように、高度に複雑かつ専門的になった科学によって引き起こされる「反知性主義」は、決して意図されたものではなく、内在的なものである。それだけに、ある意味で一層たちが悪い。その大きな流れに抗うには、新しい技術に振り回されすぎたり、情報検索に教えられすぎたり、目的にしばられすぎたりすることを意識的に回避しながら、自分の頭でしっかり考えるということを徹底していくしかない。同時に、一般の人が科学に対する反知性主義に陥らないように説明する必要もある。

結論として言えるのは、知性は科学という営みにおのずと付随してくるという、あいまいで楽観的な先入観を抱き続けることは、科学における反知性主義に加担することに他ならない、ということだ。

「摩擦」の意味

――知性的であるということについて

鷲田清一

鷲田清一（わしだ・きよかず）

1949年、京都府生まれ。京都大学大学院文学研究科博士課程修了。大阪大学教授、大阪大学総長などを歴任。現在、京都市立芸術大学学長、せんだいメディアテーク館長。哲学・倫理学を専攻。89年『分散する理性』（のち『現象学の視線』に改題（講談社学術文庫））と『モードの迷宮』（ちくま学芸文庫）でサントリー学芸賞、2000年『「聴く」ことの力』（阪急コミュニケーションズ）で桑原武夫学芸賞、12年『「ぐずぐず」の理由』（角川選書）で読売文学賞を受賞。他の著書に『ちぐはぐな身体』（ちくま文庫）、『「待つ」ということ』（角川選書）、『〈ひと〉の現象学』（筑摩書房）、『おとなの背中』『「自由」のすきま』（ともに角川学芸出版）、『パラレルな知性』（晶文社）、『哲学の使い方』（岩波新書）などがある。

賢者は、自分がつねに愚者になり果てる寸前であることを肝に銘じている。
（オルテガ・イ・ガセット）

分断の過剰

「話せばわかる」——。これは、五・一五事件、昭和7年5月15日に海軍青年将校たちによって時の内閣総理大臣、犬養毅が銃撃されたその直前に口にした言葉として伝えられているものです。こうした言葉がなんの逡巡もなしに無視されるとき、社会は壊れるのだと思います。

とっさに口をついて出たこの言葉に、言論の力と相互理解の可能性が賭けられていたことは疑いありません。けれども、それを聴き入れる魂をもはやもたない人たちにおいては、犬養が信じた言論の力は肉体の（暴）力に転位し、相互理解の可能性は相互遮断の現実性へと裏返ってしまっていました。

意見の対立が調停不可能なまでに激化していたこと、そのことに問題があるのではありません。そうではなくて、そういう対立が対立として認められる場所そのものが損ねられたこと、壊れてしまっていたこと、それが問題なのだと思います。理路をつまびらかにする、そういう説得にもはや「耳を貸す」「聞く耳をもつ」ことを拒む人たちが、暗殺といった惨劇を惹き起こしました。ここには、別の言葉はあっても、そのあいだに公分母は存在しませんでした。

わたしがこれまでとおなじくここでもしようとしているように、「わたしたち」という語を使うということには、つまり、みずからの個人的な主張を（他の人たちにもさまざまの異論がありうることを承知のうえで）「わたしたち」というふうに第一人称複数形で語りだすことには、わたしが「わたしたち」を僭称する、という面がたしかにあります。あるいは、おもねりやもたれつき、つまりは同意への根拠なき期待といったものがあるにちがいありません。とはいえそこで、「わたしたち」を「わたし」と言い替えたところで、事は変わりません。「わたし」とはそのように語る者のことであるという「話者」の当然の権利を、というか了解を、他者にあたりまえのように求めているからです。この了解を拒むこと、それを「問答無用」と言って拒んだのが、あの狙撃者たちです。その襲撃の場では、「わたし」という第一人称と「きみたち」という第二人称を包括する「わたしたち」が一方的に否認されたのでした。

「話してもわからない」ことはもちろんいっぱいあります。そういうときでも「わかりあえないこと」からこそ始めようという姿勢が、メッセージが、「わたしたち」という語には籠められています。けれども、それがもはや他者に通用しないとき、意味（meaning）として理解できても意味あるもの、significant なものとしては聴かれないとき、一つの社会、一つの文化が壊れてしまいます。

そうした壊れ、崩れには、すくなくとも二つのかたちがあります。一つは、外部の権力による侵襲、あるいは内部の権力による圧制が、その社会の構成員を「難民」として離散させるかたちであり、いま一つは、ある社会のなかで格差と分断が修復しがたいまでに昂じるというかたちです。

後者について、T・S・エリオットはかつて「文化の定義のための覚書」（1848年）のなかで、こんなふうに述べていました——


　文化の解体は二つもしくはそれ以上の社会層が全くかけ離れてしまって、それらが事実上別個の文化と化する場合に現われます。また上層水準の集団における文化が分裂して断片化し、それらの各々が一つの文化的活動のみを代表する場合にも現われます。

（「文化の定義のための覚書」『エリオット全集5』深瀬基寛訳、中央公論新社、246頁）


交通の不能、伝達の不能。そういうかたちでの人びとのあいだの乖離によって一つの〈文化〉が崩壊する可能性は、そもそも社会というものが、異なる共同体、異なる文化集団、異なる階層が「統合」されたものとしてある以上は、その社会につねに伏在しています。それは、ここに述べられているように、職能の複雑化や個別化などをとおして、茎に鬆（す）が入るようにそれと気づかれることなく進行することもあれば、社会の異なるセクター、異なる階層、異なる文化集団などの利害が和解不能なほどに対立し、その軋轢がいっきょに激しく噴きだすというふうに起こることもあります。しかしそれらがめったなことでは最終的な解体や崩壊にまで転げ落ちることがないのは、出自や利害や文化的な背景を異にしながらも、それらの差異をある共通の理念で覆いえてきたからです。国民国家として成形される現代の社会でいえば、〈民主制〉と〈立憲制〉という理念がそれにあたるでしょう。

このような理念が共有されないところでは、社会のなかの複数の異なるセクターが他との交通を遮断して、経済的な依存関係とは別に、おのおのが閉鎖された共同性へと収縮したままです。それを超えて、たがいに見知らぬ人びとがそれでも見知らぬまま、国民国家という、一つの擬制的（fictitious）ともいえる政治的共同体を形成するには、共通の理念が、ときにはその「象徴」となる存在が必要となるのです。

ただ、ある理念を共有しようというその意志は、一定の権勢をもつ集団による他集団の「同化」というふうに、いわば同心円状にそれを拡大したところに成り立つものであってはなりません。いわゆる西欧発の《近代性》はある面、ヨーロッパというローカルな場所で生まれた社会の構成理念が世界へと同心円状に拡がっていったものと見ることができます。ですが、異なった歴史的時間を刻んできた国々に、伝搬もしくは強行というかたちで移植されたあと、それぞれの国で伝統文化との複雑な軋轢を生みました。《近代性》の諸制度はそれぞれの場所で、希望を育むとともにさまざまの軋みや傷や歪みを強いてきもしました。そうした経験をへて現在、それぞれの地域でそれぞれに異なる複数の《近代性》があらためて模索されつつあります。《近代性》を「未完のプロジェクト」と呼んだのはJ・ハーバーマスですが、これは理念の完全な実現の途上にあるという意味のみならず、その理念の具体化には未知の複数のかたちがありうるという意味でも解されるべきだろうと思います。

「支配的な思想とは、まさしくある一つの階級を支配階級たらしめる諸関係の観念的表現であり、その階級の支配の思想である」とK・マルクスが看破したように、この共通の意志もまた、支配的な集団の一つの「信仰」であることは否めません。じじつ、《近代性》という「信仰」は、それ自身がなにより《普遍性》を謳うものであるのですから、これまでいろいろな場所で目撃されてきたように、これに従わない人たちの存在を事前に否認し、政治という交渉の場所から排除してしまいます。そしてそれゆえにこそ、ある社会を構成する複数文化のその《共存》のありようがきわめて重要になるのです。〈民主制〉と〈立憲制〉を下支えする《寛容》の精神は、他者の自由に対して不寛容な人たちにさえも寛容であることを求めるものであるはずだからです。これは綱渡りのようにきわめて困難な課題をすすんで引き受けようとする精神なのです。

エリオットはこの《共存》の可能性を、なにかある「信仰」やイデオロギーの共有にではなく、あくまで社会の諸構成部分のあいだの「摩擦」のなかに見ようとしました。あえて

「摩擦」を維持するとは、これもまたなかなか容易いことではありませんが、エリオットはこう言っています（傍点は引用者）――

〔一つの社会のなかに階層や地域などの相違が〕多ければ多いほど、あらゆる人間が何等かの点において他のあらゆる人間の同盟者となり、他の何等かの点においては敵対者となり、かくしてはじめて単に一種の闘争、嫉視、恐怖のみが他のすべてを支配するという危険から脱却することが可能となるのであります。

（同書、290頁）

一つの社会の「重大な生命」はこの「摩擦」によって育まれるというのです。社会のそれぞれの階層やセクターはかならず「余分の附加物と補うべき欠陥」とを併せもっているのであって、それゆえに生じる恒常的な「摩擦」によって「刺戟が絶えず偏在しているということが何よりも確実な平和の保障なのであります」とまで、エリオットは言います。というのも、「互いに交錯する分割線が多ければ多いだけ、敵対心を分散させ混乱させることによって一国民の内部の平和というものに有利にはたらく結果を生ずる」からです。

こうした「摩擦」を縮減し、消去し、一つの「信仰」へと均してゆこうとする社会は、「牽引力」と「反撥力」との緊張をなくし、その「生命」を失ってしまいます。この点についてエリオットはこう言っています。――「一国の文化が繁栄するためには、その国民は統一されすぎてもまた分割されすぎてもいけない。（……）過度の統一は野蛮に起因する場合が多く、それは結局、圧制に導く可能性があり、過度の分割は頽廃に起因する場合が多く、これまた圧制に導く可能性があります」、と。

以上の議論は半世紀以上前のものですが、現代においても、というか現代においてよりいっそう、リアルになってきています。権力といえば、わたしたちは長らく、じぶんたちの暮らしを細部まで管理し、一つに糾合しようという、「翼賛」的な権力による《統合の過剰》をひどく警戒してきました。けれども、昨今における格差の異様な肥大、排外主義の止めようのないエスカレーションなどをみれば、わたしたちが憂うべきはむしろその逆、人びとを一つにまとめさせない《分断の深化》（齋藤純一）ではないかと思われます。じっさい、原発の再稼働へのシフト、特定秘密保護法、集団的自衛権へと現政府があからさまに舵を切っても、それを危ぶむ多くの声はくぐもったままなかなか横につながりません。つなげようにもその回路がすぐには見つからないのです。なかでも、媒介者としてその声を十分に汲みとるべき野党はほとんど機能しなくなっています。《分断の深化》というこの鏡には、きっと、政治のもっとも身近な回路をみずからの手で紡いでゆく術を磨いてこなかったわたしたち自身が映っているのでしょう。

「知性的」ということの意味

「摩擦」を消すのではなく、「摩擦」に耐え、そのことで「圧制」と「頽廃」のいずれをも回避するためには、煩雑さへの耐性というものが人びとに強く求められます。知性は、それを身につければ世界がよりクリスタルクリアに見えてくるというものではありません。むしろ世界を理解するときの補助線、あるいは参照軸が増殖し、世界の複雑性はますますつのっていきます。世界の理解はますます煩雑になってくるのです。わたしたちが生きるこの場、この世界が壊れないためには、煩雑さに耐えることがなにより必要です。そのことがいっそう明確に見えてくるということ、それが知性的ということなのです。世界を理解するうえでのこの複雑さの増大に堪えきれる耐性を身につけていることが、知性的ということなのです。ここで大急ぎでつけ加えておけば、知性的であるということは、「教養人」であること、「文化人」であることとは、なんの関係もありません。

この煩雑さについては、エリオットとほぼ同時代のヨーロッパを生きたスペインの思想家、オルテガ・イ・ガセットがとても大事なことを言っています。

「手続き、規則、礼儀、調停、正義、道理！　これらすべてはいったい何のために発明されたのだろうか」と、彼はその著『大衆の反逆』（１９３０年）のなかで問うています。こうした「煩雑さ」が創出されたその理由を問題にしています。

わたしたちはいつも、ある限定された場所から世界を見ています。世界を総体として俯瞰できる場所は、だれももっていません。しかもその限定された場所は、座標系の点のようにある共有の軸からの隔たりによって個々にその位置を示されるような抽象的な場所でもありません。それは、いってみれば特定の歴史を背負った場所です。わたしたちは目の前に拡がる世界を何かとして解釈しながら生きていますが、その解釈はやはりおなじ言葉を話す先行世代から引き継ぎ、さらに、いたるところにあるそのほころびを繕いながら、より整合的なそれをめざして少しずつ手直ししてきたものです。

その解釈を、より正確なもの、より立体的なものにしようとすれば、じぶんとは異なる他の位置からの証言というものが重要になります。そしてその証言はしばしば、じぶんがそれまで手にしてきた解釈に大きな修正をうながしもします。けれどもそれは、じぶんの前に拡がる世界の眺望が揺らぐことでもあるので、つねに大きな不安をともないます。そういう意味で、「自分の思想の限られたレパートリーの中に決定的に住みついてしまう」そのような性向はなかなかに根深いもので、そうした思い込みから放たれるには大きな努力を要します。

「何かを学びましたな。それはいつも、はじめは何かを失ったような気がするものです」(You have learnt something. That always feels at first as if you had lost something.)という言葉がバーナード・ショーにありますが、魂のそうした閉塞がいかに根深いかは、つねにじぶんに不快な解釈を避けようという傾向に見ることができます。解釈をより立体的なものにするためにはだから《対話》というものを欠くことができませんが、その重要性も困難も、一にしてそこにあります。そしてその困難を乗り越える作法として、文化や文明というものが築かれてきました。オルテガの言っていた、あの「手続き、規則、礼儀、調整、正義、道理」です。そういう共有された作法に則って、わたしたちは、限られたじぶんの視野を点検し、吟味しつづけてきたのです。

オルテガはおなじ本のなかで、これをスポーツに喩えてもいます。「自分を他人と比較するということは、しばらくの間自分から抜け出て隣人のところへ自分を移すことに他ならないであろう。しかし、凡庸な魂はこの移転——崇高なスポーツ——をなしえないのである」(神吉敬三訳)と言います。さらにすこし詳しくこうも書いています——

思想をもちたいと望む人は、その前に真理を欲し、真理が要求するゲームのルールを認める用意をととのえる必要がある。思想や意見を調整する審判や、議論に際して依拠しうる一連の規則を認めなければ、思想とか意見とかいってみても無意味である。そうした規則こそ文化の原理なのである。その規則がどういう種類のものであってもかまわない。わたしがいいたいのは、われわれの隣人が訴えてゆける規則がないところに文化はないということである。(……)議論に際して考慮さるべきいくつかの究極的な知的態度に対する尊敬の念のないところには文化はない。人間がその庇護のもとに身を守りうるような交通制度が経済関係を支配していないようなところには文化はない。

（『大衆の反逆』ちくま学芸文庫、１０１頁）

オルテガが「大衆の反逆」ということを口にしたのは、「自分の思想の限られたレパートリーの中に決定的に住みついてしまう」性向、もっといえば、「理由を示して相手を説得することも、自分の主張を正当化することも望まず、ただ自分の意見を断固として強制しようとする」、そういう性向を、ひとが羞じるどころか逆に当然の権利として主張するような大きな傾向を、１９３０年の時点でヨーロッパ社会にひしひしと感じたからです。《対話》を回避し、むしろ他の解釈を斥けたい――一掃＝粛清（clean up）したい――という欲望をそこに見てとったからこそ、それと対抗的に「われわれの隣人が訴えてゆける規則がないところに文化はない」と言い切ったのでした。「規則の不在、控訴の可能性の欠如」こそ「野蛮」のしるしなのだ、と。「人間は自分以外の人に対して意を用いない度合いに従って、それだけ未開であり、野蛮である」、とも。ちなみにここで、「大衆」とは「文化人」「教養人」に対比していわれているのではありません。今日では専門科学者やテクノクラート、さらには上級官僚こそこうした「大衆」の典型になりはてていると、オルテガは言ったのです。

エリオットとおなじく、オルテガもここに、対立が対立として認められる場所そのものが損なわれているところに「文化の解体」を見ています。そう、分離・分断の過剰が一つの社会、一つの文化を成り立ちえなくしている、と。だからこの本でオルテガは、解体を超える「最も高度な共存への意志」として自由主義的デモクラシーを強く擁護します。「パワーは強大であるのにあえて原則に従ってみずからを制限し、抑制し、犠牲にしてまでも、みずからの国家の中に、その社会的権力、つまり、最も強い人々、大多数の人々と同じ考え方も感じ方もしない人びとが生きていける場所を残すよう努める」不断の努力を、です。そしてそれを次のような感動的な言葉で書き記しました――

> 自由主義とは（……）多数者が少数者に与える権利なのであり、したがって、かつて地球上できかれた最も気高い叫びなのである。自由主義は、敵との共存、そればかりか弱い敵との共存の決意を表明する。人類がかくも美しく、かくも矛盾に満ち、かくも優雅で、かくも曲芸的で、かくも自然に反することに到着したということは信じがたいことである。
>
> （同書、107頁）

多文化性という淵

この精神が現在、ふたたびひどく揺るがされています。多文化性を懐深く受け容れることのできる文化を構築することをめざしてきた社会が、一つの解釈（＝「信仰」）をみずから吟味することなく声高に叫び、他のそれを怒号をもって封印しようとする動きによって脅かされつつあります。このとき、オルテガが擁護しようとした自由主義の「気高い叫び」を国是とする国が、その国是を同心円的に拡張しようとすることで、逆に排外主義へと裏返ってしまう、そのような危機に直面しています。

ここで思い出されるのが、フランスにおけるいわゆる《ヴェール》問題です。2004年のことになりますが、フランス共和国議会は、公立学校において宗教的帰属を「誇示的」に表わすアイテムの着用を禁じる法律を可決しました。そして2010年には、公共の場で顔を覆い隠す服装を禁止する法律を成立させました。ターゲットになったのは、ムスリム女性の、前者ではヘッドスカーフ、後者ではブルカです。ブルカを装着している女性が、じっさいにはフランスのムスリム人口の0・01パーセントにも満たないにもかかわらず、です。

ここで、人権先進国といわれるフランスが服装の自由を否定してまで防禦しようとしたものはいったい何だったのでしょうか。なかでもイスラームのヘッドスカーフ（ヴェール）がまず標的になったのはなぜだったのでしょうか。

ヴェールは、フランス人の多くにとっては、イスラーム文化の後進性と女性に対する抑圧（家父長制の犠牲）の象徴であると同時に、フランスによるイスラーム移民の「同化」の挫折の象徴でもあるのですが、一方、ムスリムにとってはときに個人のアイデンティティの表明方法であり、ときに集団としての抵抗の防壁でもあります。いえ、ムスリムにとってはと言うのはおそらく不正確で、ヴェールはそのように一括りにはできないほど多義的なものであるでしょう。にもかかわらず、フランスがこのヴェールを一つの象徴として、イスラームを無理やり一つの解釈に嵌め込もうとしたのは、それが「共和国」の理念、「ライシテ」（政治の脱宗教性）という国是の侵犯と映ったからだと思われます。

この問題の根には、すべての個人がおなじ存在の権利を有していると仮定することで成り立つフランス特有の普遍主義、いってみれば「人権」の普遍性を掲げるナショナリズムという逆説があります。これもまたまぎれもない一つの「信仰」であるのに、この「信仰」は（先にもすこし述べたように）普遍性を謳うがゆえに、これに従わない人たちの存在を事前に否認し、政治という交渉の場所から排除してしまう可能性を伏在させています。そういう意味で、過剰な読み込みが錯綜するヴェール問題は、共和制もまた一つの信念体系であることにそれこそヴェールをかけかねないものなのです。そこに透けて見えるのは、J・W・スコットが『ヴェールの政治学』（2007年）で指摘しているところによれば、たとえば政治的平等と性的差異の矛盾という共和制の根幹にかかわる問題であり、フランス社会の歪（いびつ）なジェンダー体制であり、また深刻化する失業率や財政危機といった内政問題の堆積であります。ヴェールはこれらを外部に転倒的に映すスクリーンだというのが、《ヴェール》問題に取り組んだ社会科学者、スコットの見立てでした。

多文化性のこのような淵を、先進国と位置づけられてきたさまざまな国がいまその懐に内蔵させています。ヘイト・スピーチと呼ばれる怒号まみれの暴力や、極右による襲撃行為、さらにはそれへの対抗テロなどが、それらの国々でそういう淵から噴出しています。このとき、わたしたちがはまり込んではならないのは、多文化性をはてしなき相対主義の淵へと転落させることです。そういう過剰な分離、過剰な分断を阻止するためには「普遍」の覆いをかけることしかありませんが、「普遍」を謳うがゆえに、これに従わない人たちの存在を事前に否認し、政治という交渉の場所から排除してしまう「自由主義」的な言説の危うさについては、先にも見たところです。ただし、あくまでそのうえでのことなのですが、「少なくとも潜勢的には、他の諸々の文化のなかにも実現されているごとき宗教を実現している文化というものは、一つの宗教を独占する文化よりも高等であります」というエリオットの言葉を、幾度も、謙虚に反芻しておく必要はありそうです。

そのうえで、それにもかかわらず、オルテガのあの「自由主義」の綱渡りのような規定は、どうあっても保持されねばならないと思います。それは、多文化性を受け容れる文化もまた多型的であるはずだという認識です。いえ、認識というより貫かれるべき意志と言ったほうがいいかもしれません。ヘイト・スピーチであれ、新聞社への襲撃であれ、ここで見逃されてならないのは、擁護か批難かの二極対立ではなく、先の「シャルリー・エブド」誌編集部へのテロ行為とそれへの抗議デモの渦中で酒井啓子さんが着目したことを例としていえば、「欧米社会で差別を受け辺境に追いやられてきたイスラーム教徒の移民社会の憤懣を、合法的な手段に訴え解決を図ってきた、在欧米社会のイスラーム教徒の地道な努力」です。排他的応酬ではなく交渉を軸とする政治的活動です。おなじ問題にじつはイスラーム諸国のジャーナリストたちもまた直面してきました。酒井さんの言葉を借りれば、重要なのは、「シャルリー誌の侮辱は許せない、だが表現の自由をテロで奪うのはケシカラン、というごく真っ当な感覚を、イスラーム教徒も当然持っているのだ、と認識する」ということです。多文化性の淵ということでわたしが言いたかったのは、そういうことです。

　すこし旧い言葉になりますが、ここでは自己への懐疑の精神、あるいは自己の疎隔化ということがとても大きな意味を帯びてきます。それは、未知のもの、異文化としてあるものを認識し、理解するためには、それに先だってまずはじぶんをじぶんから遠ざけることができなければならないということです。じぶんをじぶんのほうから見るのではなく、じぶんの視野を他なる者たちのそれらのあいだに、たえずマッピングしなおすということです。はてしなき相対性に晒された淵のなかで、それでも断定より先に懐疑の精神を起動させるということです。これは淵をますます深くすることにつながってしまいますが、そのことに茫然として当然なくらいに、生の多型性というのは重い事実なのです。この懐疑の精神についてエリオットが述べたおなじ本のなかの文章を引いて、筆を擱かせていただくことにします。

〔文化の〕発展の徴候の一つとして見るべきものは懐疑的精神の出現ということであります。――この言葉によってもちろんわたくしは背信の精神を意味するのでもなければ破壊的精神を意味するのでもありません（まして元来知的怠慢に基づくところの不信の意味では全くありません）、ただわたくしの言わんとするのは、明証を検討する習性と、一気に事を決しないだけの能力ということであります。（……）懐疑的精神を強さの精神とすれば、〔あらゆる判断を斥ける〕ピロニズムは弱さの精神であります。何ゆえとなればわれわれは決定を引き延ばすだけの強さをもたなければならないというに尽きないのであります――われわれは決断に至るだけの強さをもたなくてはならないからであります。

（「文化の定義のための覚書」『エリオット全集５』、２５０頁）

※　蛇足もはなはだしいのですが、昨今のこの国の政治の風景を見るにつけ、この際にどうしてもご紹介しておきたいエリオットの文章があり、補足として以下に引いておきます。

いくつかの文化的水準を保ち、権力と権威のいくつかの水準をいまだに失わない社会においては、政治家は、批判的能力を具えた少数の読者――そこでは散文体の規準というものがいまだ維持されているのですが——そういう読者の判断を尊敬し、その読者の嘲笑を恐れることによって、政治家自身が言語を使用する場合に、少くとも甚しい誤りに陥ることなくしてすますことができるでありましょう。もしもその社会が同時に、中央集権化されない社会である場合、つまり、地方的各文化が依然として繁栄し、問題の大部分が、それについてその地方の人々がみずからの経験や隣人との会話を材料としてともかく一家言をかたち作ることのできるような社会であるという場合には、政治家の発言もまたそれと同時に意味の明瞭性を増加し、聴き手の解釈の種類も遥かに少くてすむ傾向を示すでありましょう。地方的問題を地方的に論ずる演説は、全国民に向って呼びかけられた演説よりも意味が遥かに明瞭である場合が多いのであります。そうして、意味の曖昧と、まるで雲を摑むような一般論の掃き溜め場所というものは、とかく全世界を相手として呼びかけられた演説のなかに存することが観察されるでありましょう。

（「文化の定義のための覚書」『エリオット全集５』、３２８頁）

日本の反知性主義

2015年3月30日　初版
2020年10月20日　7刷

編　者　内田樹
著　者　赤坂真理、小田嶋隆、白井聡、想田和弘、高橋源一郎、仲野徹、名越康文、平川克美、鷲田清一

発行者　株式会社晶文社
東京都千代田区神田神保町1-11
電　話　03-3518-4940（代表）・4942（編集）
U R L　http://www.shobunsha.co.jp

印刷・製本　中央精版印刷株式会社

ISBN978-4-7949-6818-0 Printed in Japan

生きるための教養を犀の歩みで届けます。
越境する知の成果を伝える
あたらしい教養の実験室「犀の教室」

街場の憂国論　内田樹

行き過ぎた市場原理主義、国民を過酷な競争に駆り立てるグローバル化の波、改憲派の危険な動き…未曾有の国難に対しどう処すべきなのか？　真に日本の未来を憂うウチダ先生が説く、国を揺るがす危機への備え方。

パラレルな知性　鷲田清一

3.11で専門家に対する信頼は崩れた。その崩れた信頼の回復のためにいま求められているのは、専門家と市民をつなぐ「パラレルな知性」ではないか。臨床哲学者が3.11以降追究した思索の集大成。

日本がアメリカに勝つ方法　倉本圭造

袋小路に入り込んだアメリカを尻目に、日本経済がどこまでも伸びていける反撃の秘策とは？　異色のキャリアを持つ経営コンサルタントが放つ、グローバル時代にとるべき「ど真ん中」の戦略。あたらしい経済思想書の誕生！

街場の憂国会議　内田樹 編

特定秘密保護法を成立させ、集団的自衛権の行使を主張し、民主制の根幹をゆるがす安倍晋三政権とその支持勢力は、いったい日本をどうしようとしているのか？　未曽有の危機的状況を憂う9名の論者による緊急論考集。

しなやかに心をつよくする音楽家の27の方法　伊東乾

常にプレッシャーのかかる現場で活動する音楽家の「しなやかでしたたかな知恵」から生まれた、心をつよくする方法。ビジネスにも勉強にも応用が効く、自分を調える思考のレッスン！

築土構木の思想　藤井聡

被災地の復興、老朽化したインフラの補修、台風や大雨の被害対策…日本には土木事業が足りない！　国土強靭化に日々尽力する著者が気鋭の論客たちと土木の復権について論じる、土木による日本再建論。

「踊り場」日本論　岡田憲治・小田嶋隆

右肩上がりの指向から「踊り場」的思考へ、私たちの社会を転換させよう。日本でもっとも穏健なコラムニスト・小田嶋隆と、もっとも良心的な政治学者・岡田憲治の壮大な雑談。